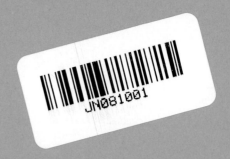

わくわくどきどき

新聞紙あそび

こどもに人気の90アイデア

熊丸 みつ子 著

なが～い新聞紙のロープ。
さあ、なにしてあそぼう！
(47 ページ)

輪っかであそぼう！
(19 ページ)

「わーい！　シャワーだ、シャワーだ！！」
子どもたちが大好きな「新聞紙シャワー」。
(84 ページ)

新聞紙のボーリング、
いくつ倒せるかな？！
(76 ページ)

軍手のうさぎちゃんと
おさんぽ、おさんぽ。
(78 ページ)

なにがはじまるのかな？
わくわくしちゃう！

オニさんとあそぼう！
(64 ページ)

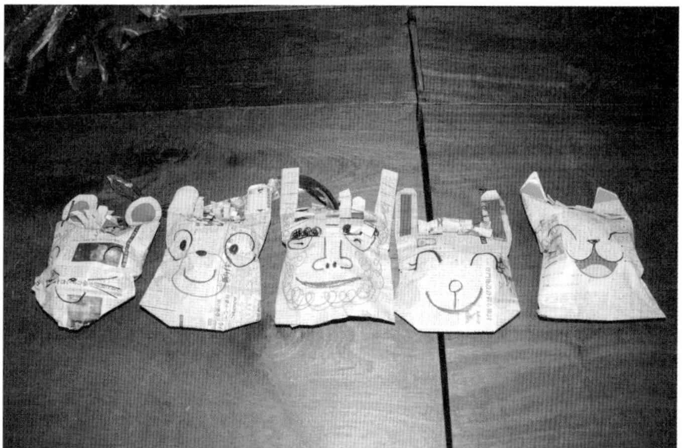

新聞紙の
ボールであそぼう！
(11 ページ)

はじめに

私は、子どもたちを見てよく思うのです。どの子もきっと「母さん、父さん、ぼく幸せになるよ！」と言って生まれてきたにちがいないと。そのために、子どもたちは全身を使って、幸せになるための人間の基礎づくりをしているのだと……。

子どもたちは、広い場所があれば走り回り、高い所があれば登り、やっちゃダメと言うことを全部やり、叱られ、おとなをイライラさせます。でも、さみしくなるとママ・パパにくっつき、やさしさをもらって安心し、笑顔を出していく……。なんともステキな子どもたち！

子どもたちのやることに無駄はない。一つひとつの行動は、すべて生きる力につながるのだと。子どもたちを見ていて、そう思います。

私は、幼児教育専門家として活動を始めて、これまで親子教室・サークル・幼稚園や保育園などで、たくさんの子どもたちや若いママ・パパたち、子どもと関わるステキなおとなのみなさんに出会いました。

そのなかで、子どもたちは感性の基礎であるワクワクドキドキを日常的に体験しているのだろうか？　子どもたちはやるべきことをやるべき時にやり、成長のプログラムをこなしていくはずなのに……本当にこなしているのだろうか？　子どもたちは手や足・指を使い、歩いて走って跳んで動きまわり、身体の土台をつくっていく。そしておとなたちに関わってもらい、心の土台をつくっていく。子どもたちは手間暇かけて育ててもらっているのだろうか？と感じます。

出会ったママ・パパたちはよく言います。「子どもとどう関わっていいのかわからない」「うちの子、チョロチョロしてちっとも言うことをきかない！」「朝からイライラガミガミ。やさしい親でいたいけど、ちっともやさしくなれない」と。私は答えます。「チョロチョロしている子どもたちも、イライラしているママ・パパたちも順調よ！」と。

遊びが始まると、子どもたちの目は輝き、あっという間にステキな笑顔に変わっていきます。それを見ている親たちも「うちの子最高！」とやさしい笑顔に。笑顔をもらった子どもたちは、笑顔を心のタンクにため、安心し、なんともあったかい親子の関わりが生まれてくるのです。それを見ていると本当にうれしく、私自身が幸せになります。そんなステキな子どもやママ・パパたちの笑顔に会いたくて、みなさんに数多くの遊びを伝えてきました。本書は2004年～2012年に刊行した『新聞紙で遊ぼう！』『新聞紙で遊ぼう！パート2』（かもがわ出版）を再編集し、1冊にまとめたものです。新聞紙でおもちゃを作り、作ったおもちゃで思いっきり遊ぶ、心も身体もあったかくなる本です。気軽に、手軽に、どこでも楽しく遊べる新聞紙を使った遊びをまとめました。この遊びは、子どもたちと遊ぶなかで、どんどん拡がってきました。

この本を使って、ぜひ一度、子どもたちと遊んでみてください。子どもだけでなく、私たちおとなもきっと楽しめるはずです。そして子どもたちにステキな笑顔をいっぱい伝えていってください。

熊丸　みつ子

もくじ

1 ウォーミングアップ

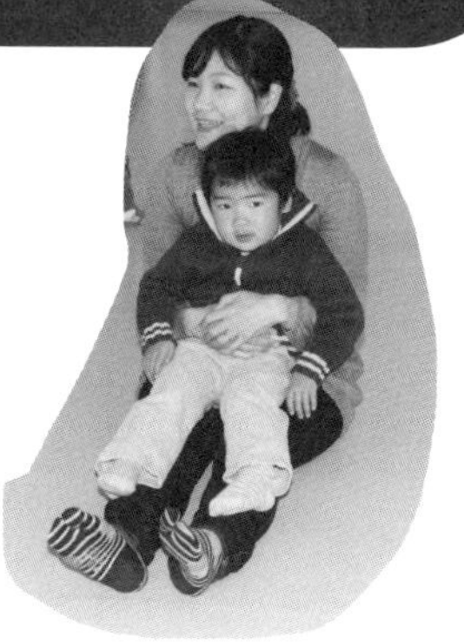

ゆらゆら運動

おとなの膝のうえに子どもが乗って、足を投げ出します。
大きな動作で左右にゆらします。

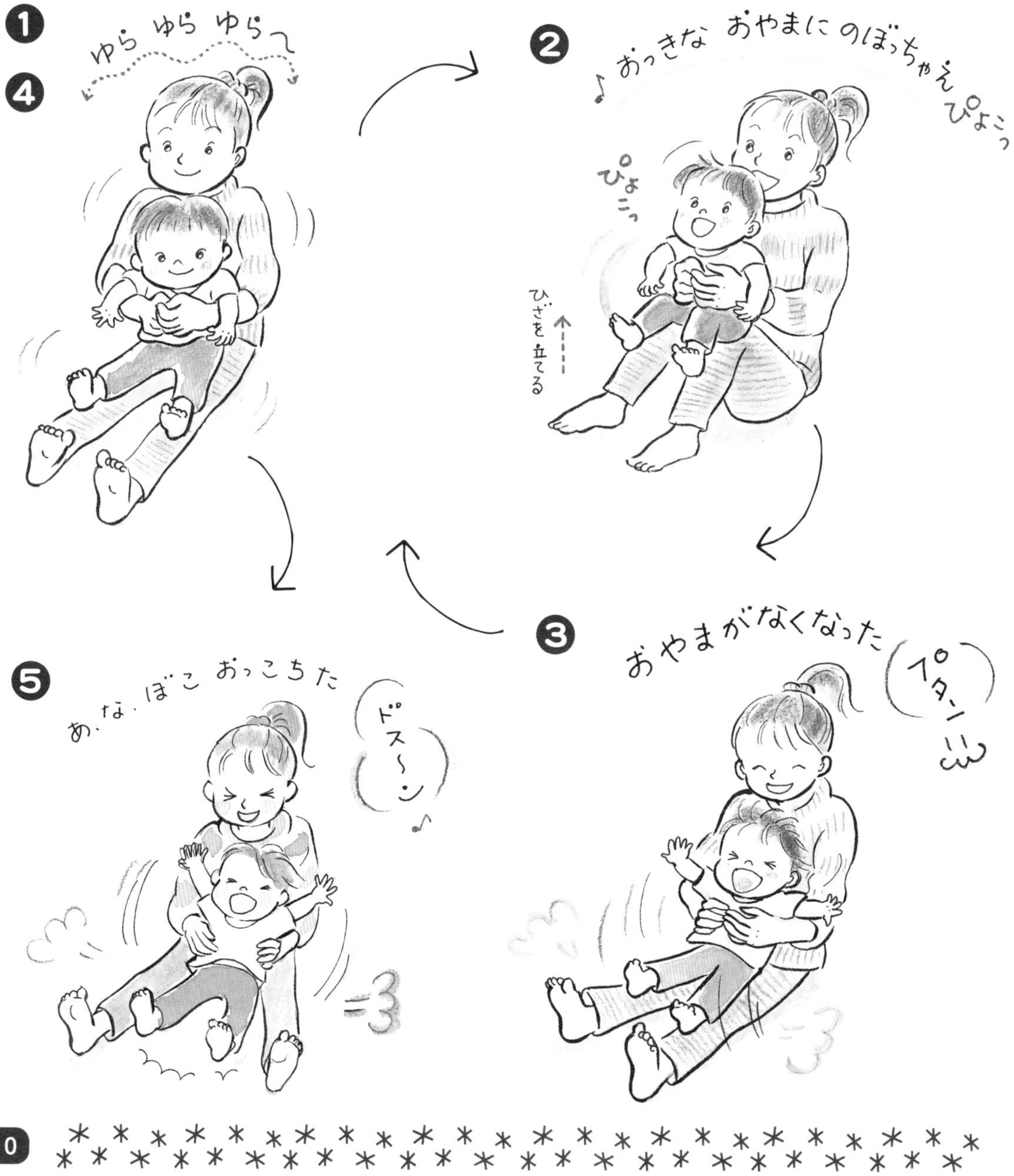

❶
❹
ゆら ゆら ゆら〜
❷
♪おっきな おやまに のぼっちゃえ
ぴょこっ
ぴょこっ
ひざを立てる
❸
おやまがなくなった
ペタン!!
❺
あ・な・ぼこ おっこちた
ドス〜ン

2 ボールであそぼう！

【準備物】カラー布テープ（4色）

小さなボールを作ろう

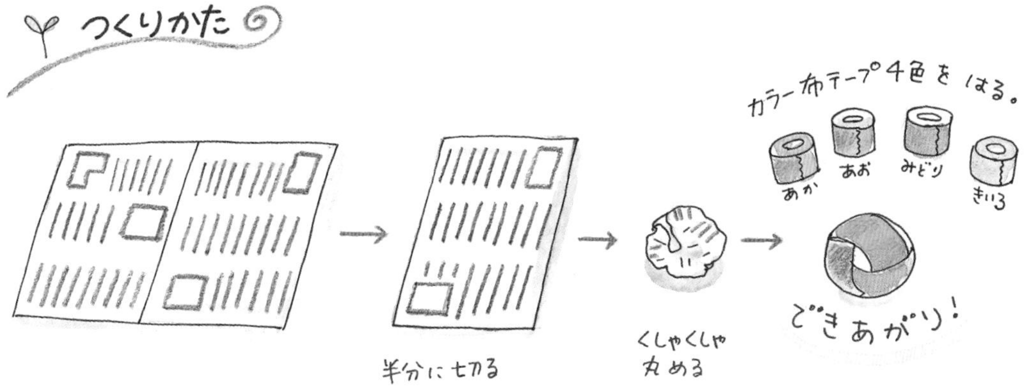
つくりかた
カラー布テープ4色をはる。
あか
あお
みどり
きいろ
半分に切る
くしゃくしゃ
丸める
できあがり！

腕の輪っかに入るかな？

キャッチボールでウォーミングアップしたあとに、いろんな輪っかに入れてみよう！

小さな輪っか

低い輪っか

高い輪っか
えいっ
ポーン

大きな輪っか

コロコロトンネルくぐり

足を開いてトンネルをつくり、ボールを転がそう！　いろんなトンネル、たのしいな。

ひとりトンネル
新聞紙のボール
えいっ
コロコロ‥

ダブルトンネル
できるかな？
えいっ！
コロコロ コロ…

つながれ つながれ なが〜い トンネル

ぜ〜んぶ くぐれるかな？

がんばれ
がんばれ
それ！

できた〜！ 最後までいけるかな？

こんなことも やってみよう！

◎ 広いトンネル

◎ 狭いトンネル

えいっ
ポ〜ン

パパのトンネル

コロコロ

ママのトンネル

てるてるぼーずをつくろう

ボールあそびのバリエーションで、てるてるぼーずをつくってみましょう。

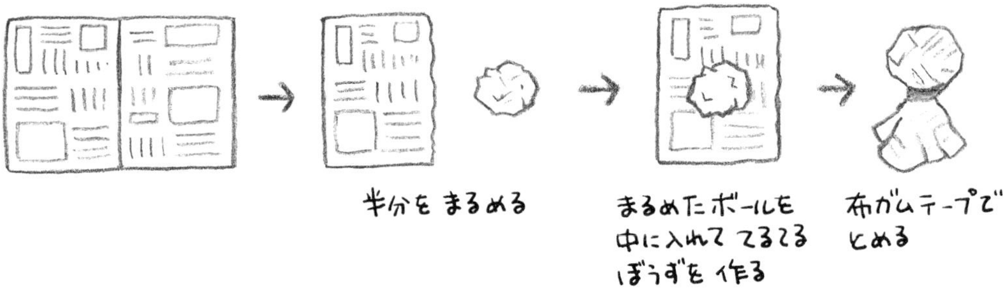
半分を まるめる
まるめたボールを 中に入れて てるてる ぼうずを 作る
布ガムテープで とめる

てるてるぼーずでキャッチボール

てるてるぼーずでキャッチボール。うまく投げられるかな？

タコさんに変身！

てるてるボーズの足を細かく割いて、タコさんに変身させよう。

タコさん輪投げ

新聞紙の輪っか（19ページ）でタコさんに向かって輪投げ。入るかな？

タコさんさんぽ

輪っかでつかまえたタコさんをつれて、散歩してみよう。タコさんが逃げないように、ゆっくりゆっくり。

3 輪っかであそぼう！

新聞紙でトンネルを作ってみよう

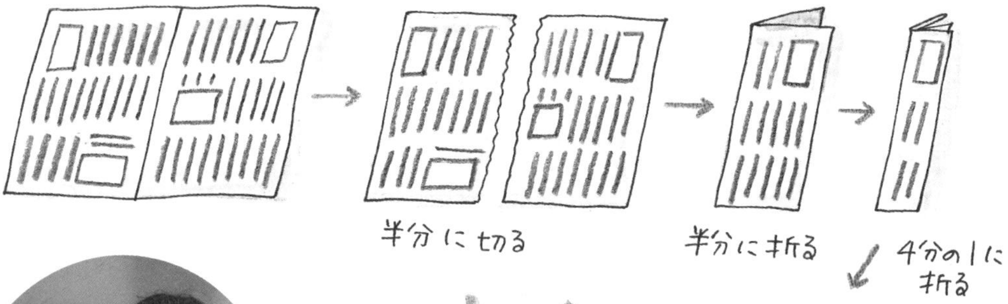
半分に切る
半分に折る
4分の1に折る

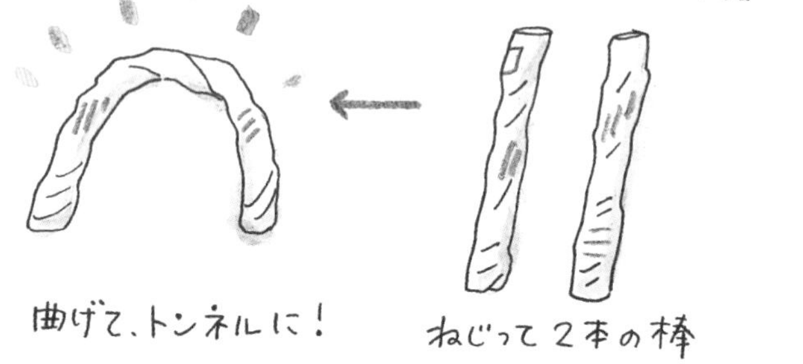
ねじって2本の棒
曲げて、トンネルに！

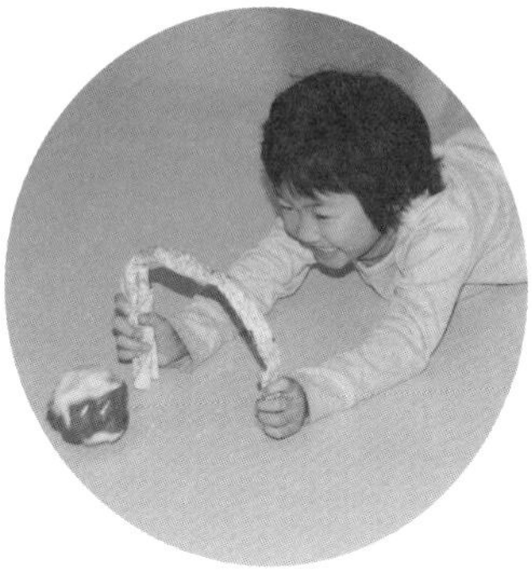

ボールを投げてトンネルをくぐろう

コロコロ

ダブルトンネルもくぐれるかな？

さあ　やってみよう！
ねらって
ねらって
はいるかな？

サッカーに挑戦！

トンネルをゴールに見立てて、蹴ったボールをゴールにいれよう。それ、シュート！

それ〜！
いけー！
シュート！
えい！
ねらって！ ねらって！

ラケットであそぼう！

トンネルを曲げて、端っこを手で握ります。新聞紙ラケットのできあがり。

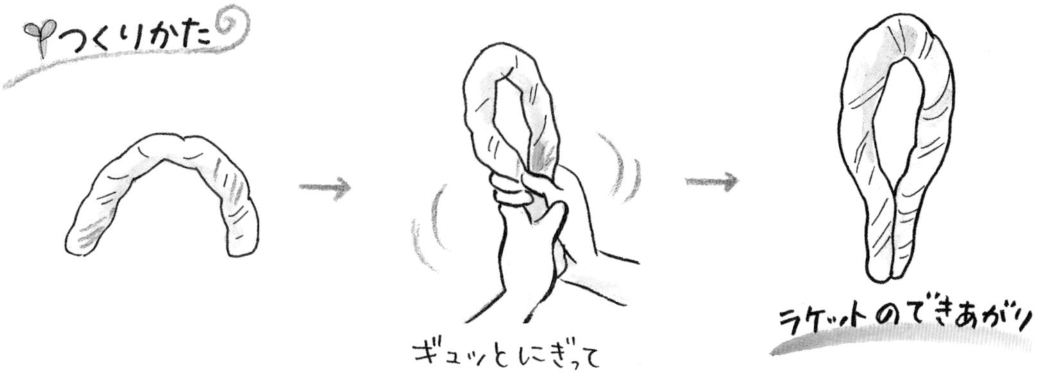
つくりかた
ギュッとにぎって
ラケットのできあがり

できた できた！ ラケット できた！
すご〜い
すご〜い

2人1組になって、転がしたボールをラケットで打ちます。

ねらって ねらって ボールを パチーン

そ〜れ ヤッター!

きた きた きた きた

スピード ボール

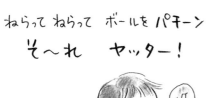

輪っかであそぼう!

トンネルに使った新聞紙を、輪にしてテープで止めると、輪っかのできあがり!

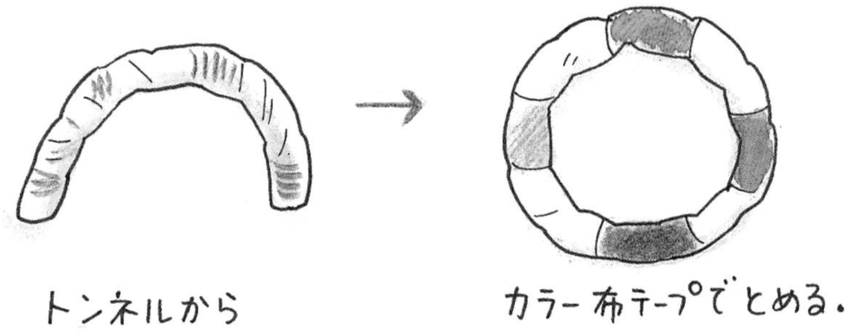
トンネルから
カラー布テープでとめる.

a. まずは飛ばして、両手ではさんでキャッチ!
それっ
キャッチ

2人で輪っか投げ、取れるかな？

2人で一組になって、一人が投げた輪っかをもう一人が片腕にキャッチ！

そおれ

すごい
パチパチ
はいった！

ふたつの輪っかで挑戦！

いくよー
2つ輪っかに挑戦！

輪っかをぶつけてあそぼう！

最初は２人で同時に投げ合って、２人で同時にキャッチしよう。

つぎに、輪っかを空中でぶつけてみよう。

ぶつかれ　ぶつかれ
息をあわせて　そーれ!!
やったあ！
パシーン

床にすべらせてぶつけてみよう。

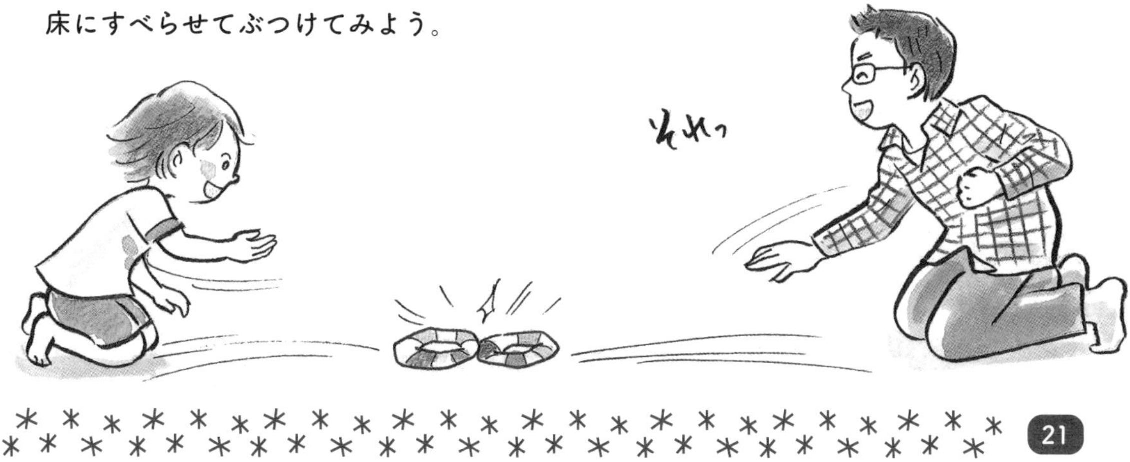
それっ

輪っかに入るかな？

新聞紙ボールを輪っかに入れてみよう。

だんだん　はなれて　入るかな？

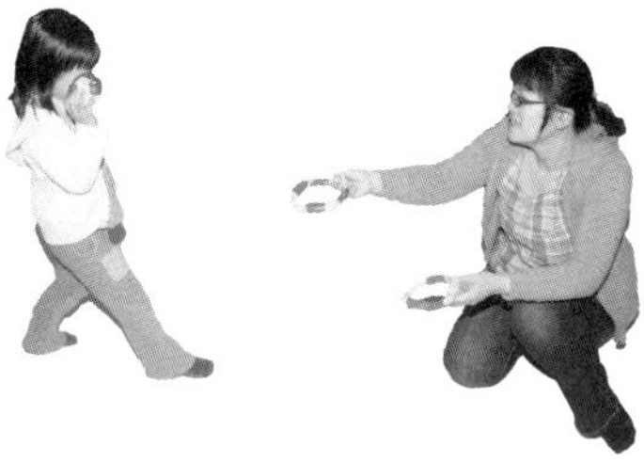

どっちの輪っかに
入るかな？

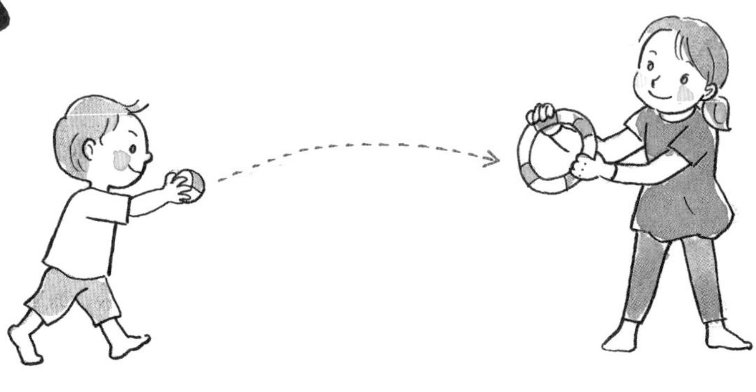

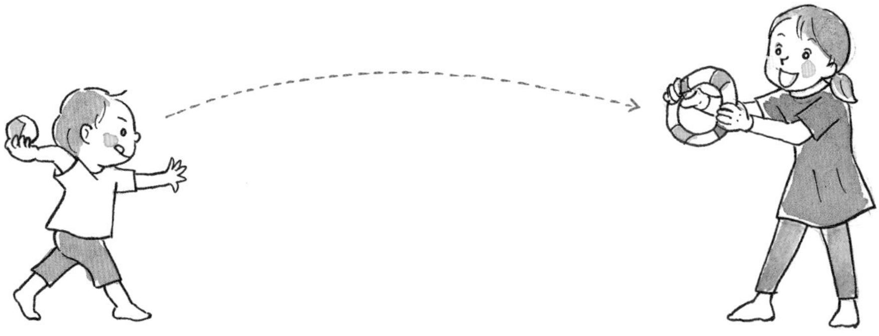

くるくる回し

輪っかの中に指を一本入れて、くるくる回します。うまくできるかな？

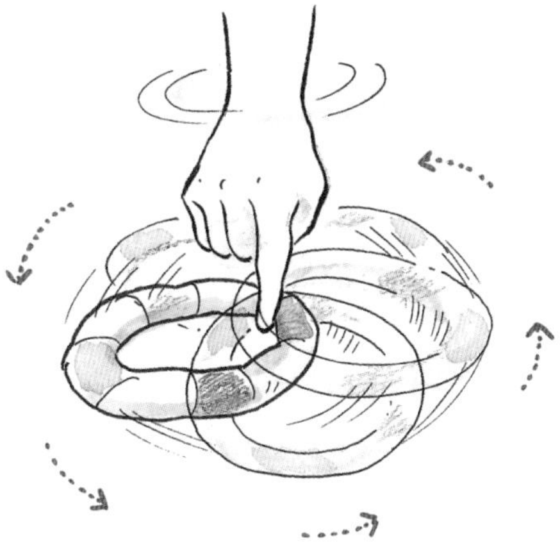

逃げていく輪っかをお手々でタッチ！

2つの輪っか 両手でタッチ!!
まてまて 輪っか

ひもダンス

輪っかにひもをつけて、輪っかをもってひもをふってダンスしよう。

輪っかにヒモをつけます.

上下にふって
左右にふって
くるくる
まわして
ひもダンス

♪ラン　ラン　ラン　ラン
ひもダンス
ヒラ　ヒラ　クル　クル
ひもダンス

おさんぽドライブ

輪っかの中にボールを入れて、ひもを引っ張って歩いておさんぽ。
走ってドライブ。

輪っかさん「飛んでいけ！」

輪っかを投げてあそぼう。ひもがヒラヒラしておもしろい！

まずは、高く飛ばしてみよう

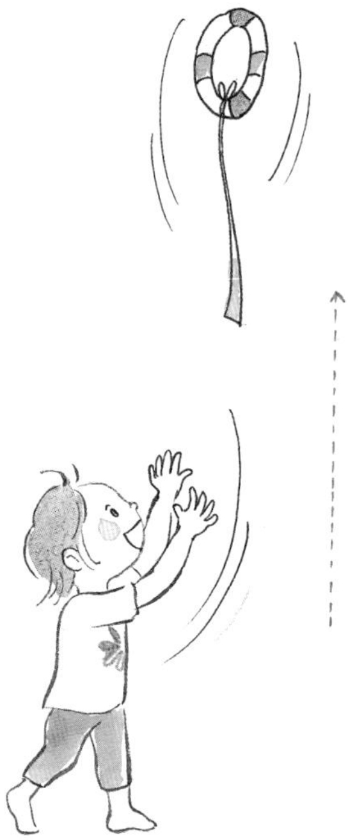

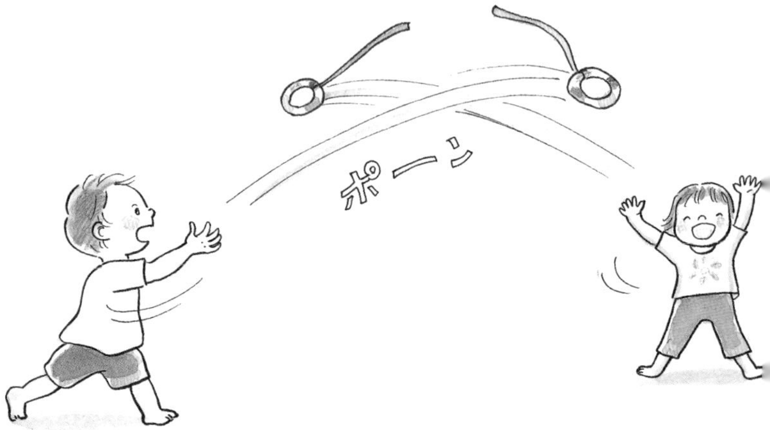

つぎは２人で飛ばしっこ。
同時にキャッチできるかな？

♪ 輪っかさん　輪っかさん　飛んでいけ
お空に飛んでいけ♪　5・4・3・2・1　そーれ

輪っかをつかまえろ！

動く輪っかをつかまえよう。とれるかな？

まて まて
輪っか
わわっ
取れるかな?
逃げちゃうぞ
サッ

今度は足をつかって
輪っかをキャッチ。
むずかしい〜！

ひとりでジャンプ！

片手で輪っかのひもをぐるっとまわして、踏まないようにジャンプ！
（ひもが長いとちょっと大変）

ぴょん

ぴょん

ふたりでジャンプ！

ひとりが回して、もうひとりがジャンプしよう。

ぴょん
息をあわせて
1・2でピョーン
3・4でピョーン

4 ロケットであそぼう

【準備物】すずらんテープ・カラー布テープ

ひもロケットをつくろう

８０センチくらいの長さのすずらんテープ３本を半分に折ります。
頭のほうをクルクル丸めてカラー布テープでしっかりとめます。

※長さを変えるとロケットの飛び方も変わってきます。

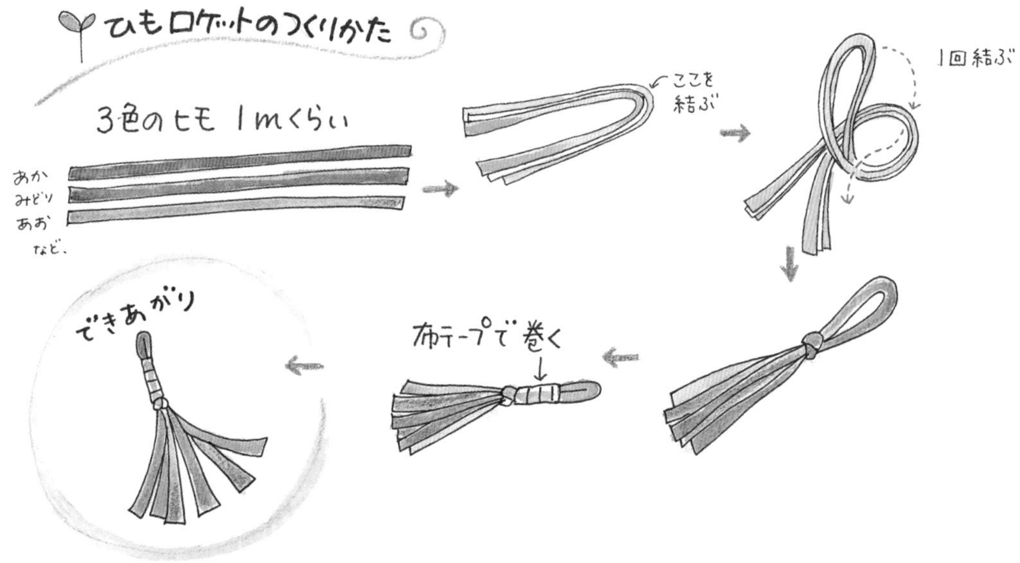
ひもロケットのつくりかた
3色のヒモ 1mくらい
あか
みどり
あお
など、
ここを結ぶ
1回結ぶ
布テープで巻く
できあがり

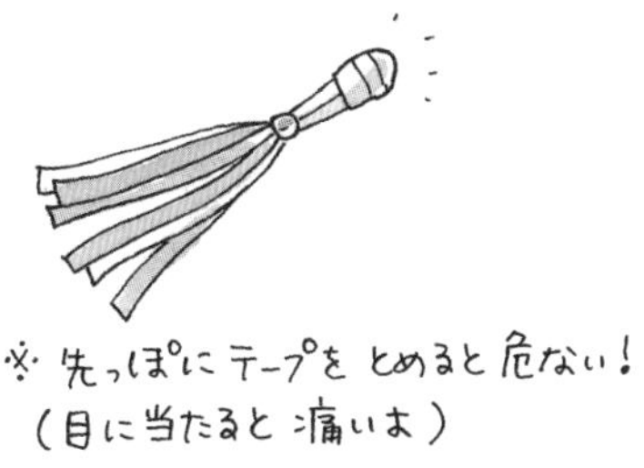
※先っぽにテープをとめると危ない！
(目に当たると痛いよ)

ロケット飛ばし

ロケットを上に投げて、落
ちてくるのをキャッチ！

それっ
シュッ
♪ロケット ロケット 飛んでいけ
お空に飛んでいけ♪
ロケット
キャッチ

ふたりでロケット飛ばし

２人組になって、ロケットを投げ合い、キャッチしよう。

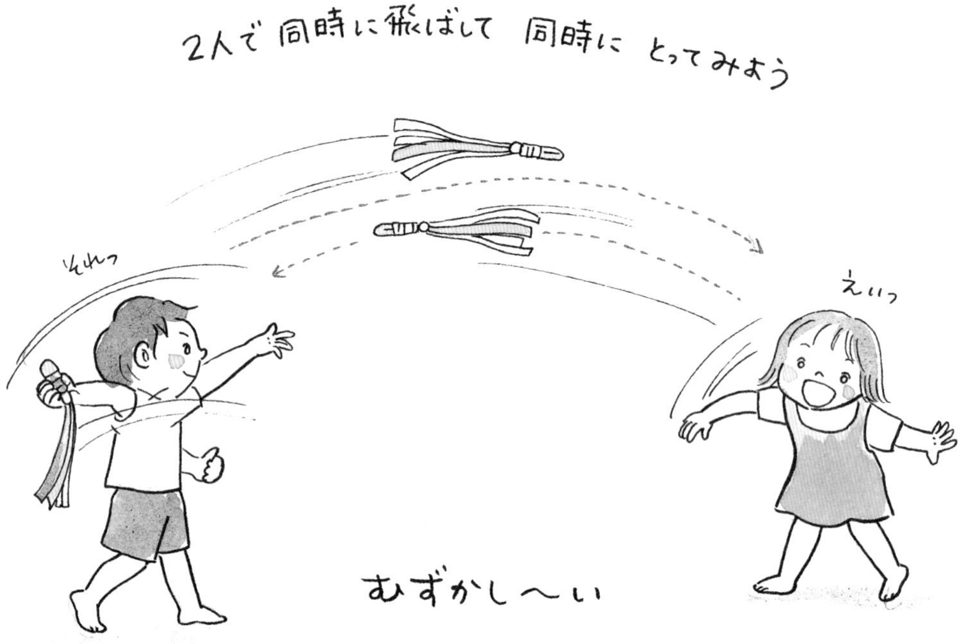
2人で同時に飛ばして同時にとってみよう
それっ
えいっ
むずかしーい

大きな輪っかに入れちゃおう！

ロケットを輪っかに向けて投げてみよう。大きな輪っか(52ページ)にロケットを投げ入れます。

手の輪っかに入るかな？

難易度アップ！

19ページで作った輪っかに
投げ入れます。
これはむずかしい！

音楽に合わせて踊ってみよう！

ロケットをふって自由に踊ってみよう。

「なんにへんしん」

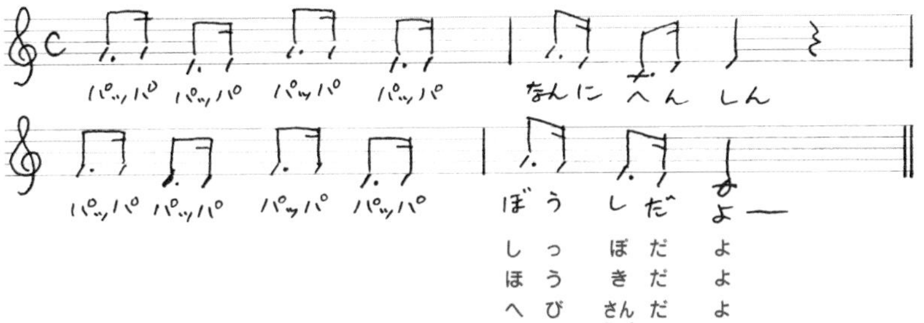

ロケットにひもをつけて走ろう！

走っていると凧のように空にあがるよ。

ロケットをつかまえて！

床をすべるロケットをつかまえられるかな？

ロケットに タッチ

なかなか とれないヨ

流れ星

ロケットから流れ星を作ろう。

① ロケットのひもを細かく裂きます。

② 11 ページで作った新聞紙のボールにロケットをテープでつけます。

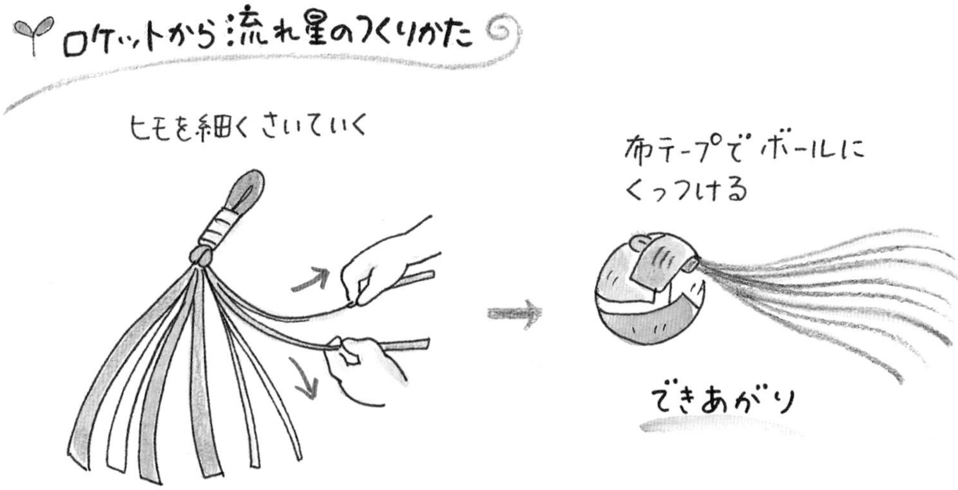

お空に高く飛ばしてみよう

二人組でキャッチボール

流れ星を腕のなかへ

腕で輪をつくり、その中に流れ星をいれてみよう。

はいるかな♪

新聞紙でキャッチ！

新聞紙を２つ折にし、流れ星をキャッチしよう。

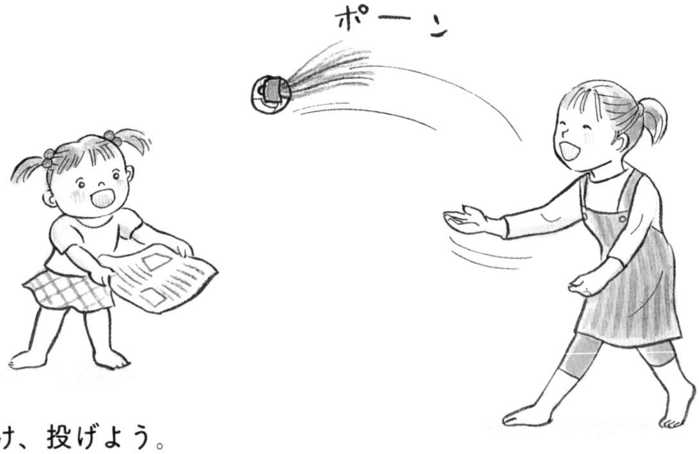
ポーン

２人とも新聞紙を広げて受け、投げよう。
手を使わないでボールをやりとりします。

すごーい！ とれた！ 新聞紙ラケットだ！
ポーン
ポーン

傘をつかってあそぼう！

広げた傘のなかにみんなの流れ星（ロケット）を投げ入れよう。

「♪おほしさま　でておいで〜」と歌いながら傘をくるくる勢いよく回します。

ワァーイ！ とんだ！ とんだ！
クル
クル

折り紙のお星さま

折り紙でお星さまをつくってみよう。折り紙を手でもんで丸めます。広げた傘に玉入れのようにみんなでいっせいに入れます。

つくりかた

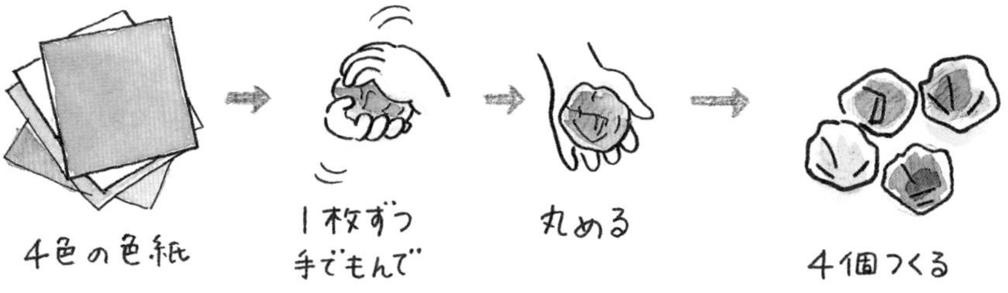
4色の色紙
1枚ずつ
手でもんで
丸める
4個つくる

ぜんぶ入ったら「5、4、3、2、1、ソレー！」と勢いよく傘を回します。軽くて丸い折り紙のお星さまが飛び散って、子どもたちは大喜び！
走りまわって玉を拾います。「もう一回、もう一回！」と大はしゃぎ！

三角コーン

新聞紙を三角にしてテープで止めます。

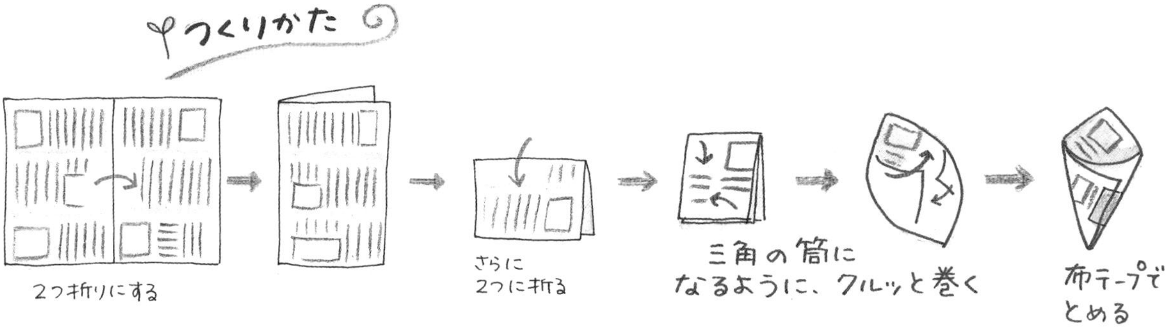

つくりかた
2つ折りにする
さらに
2つに折る
三角の筒に
なるように、クルッと巻く
布テープで
とめる

まずはひとりで…

投げて入れる

次はふたりでキャッチしてあそぼう。

えいっ
折り紙の玉
ワー

いろいろ工夫してあそんでみよう。

折り紙を入れても楽しいよ。

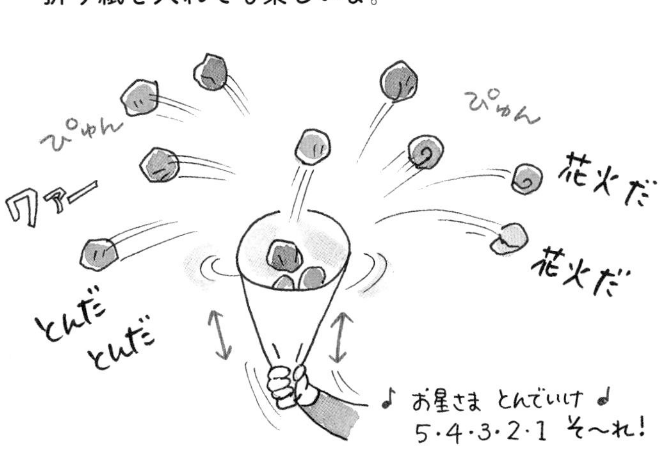

ぴゅん
ぴゅん
ワァー
花火だ
花火だ
とんだ
とんだ
♪お星さま とんでいけ♪
5・4・3・2・1 そ〜れ!

あら
よっ♡

サッカー

流れ星をビニール袋に入れ、空気を入れて膨らませます。
19ページでつくった輪っかのひもをくくりつけます。

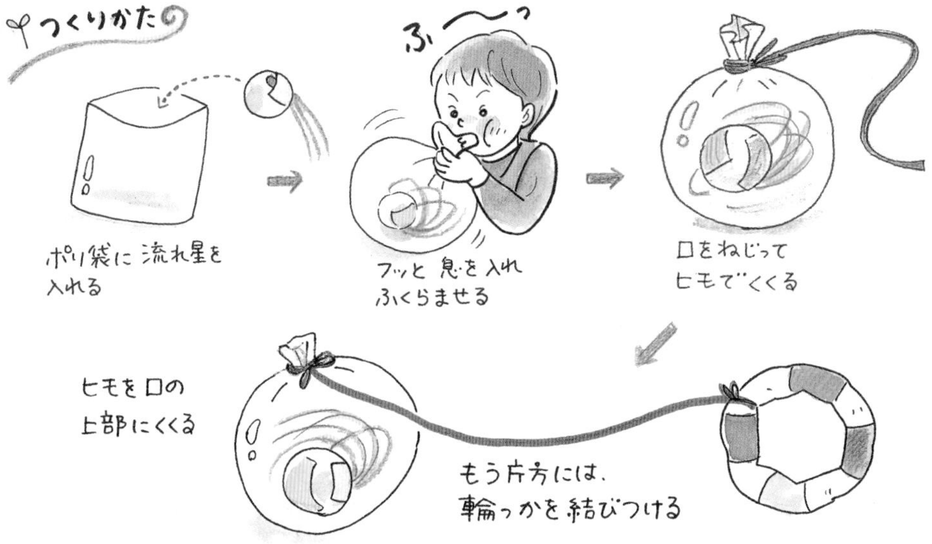
つくりかた
ポリ袋に 流れ星を 入れる
ふ〜っ
フッと 息を入れ ふくらませる
口をねじって ヒモでくくる
ヒモを口の 上部にくくる
もう片方には、輪っかを結びつける

両手で輪っかを持って、片足で蹴ろう。

1人が輪っかを持って、
もう1人が蹴ってみよう。

ドライブに行こう！

サッカーで作ったものを、そのまま跨いで、親子でひもを引っ張って走ります。

ブーブー
ブーブー

けん玉であそぼう！

そ〜れ
ポ〜ン
あー
むつかしいー
ポンッ
やったあ

コラム

子どもって本当にステキです！

「さあみなさん、まわりの方と『こんにちは！』のごあいさつをしてみましょう。横の方がステキに見えたでしょう？　笑顔で挨拶をもらうと、おとなの私たちでもうれしく幸せな気持ちになります。知っていますか？　子どもたちはこの笑顔が何よりも大好きだということを。おとなの笑顔は、子どもにとっての精神安定剤！　そう思いませんか？」と質問するとみなさんはこう言います。「子どもにとって笑顔は大切！　だから笑顔を出したいと思っているのです。でも出ないのです。朝から子どもにギャーギャー、ガミガミ、イライラ！　寝顔を見て『ゴメンね！　ガミガミのママで。明日は絶対やさしくなるから……』と謝る毎日。でも次の日にはまたギャーギャーのくり返し。本当に落ち込みます。こんな自分がイヤになります」……と。私は言うのです。「イライラするあなたも、イライラさせる子どもたちも順調ですよ！　この時期ギャーギャー言わない親はいません。子どもたちは、生きる力の基礎を身につける時、成長のプログラムをこなしている時、親を、おとなをイライラさせます。だって、やってほしくないことすべて、やってくれるのですから……。

私は思うのです。10 手のかかる子は 10 の生きる力を身につける。20 手のかかる

子は20の財産をもっている！と。子どもたちは、叱られ、やってはいけないことを学ぶ。誉められ、やって良いことを学んでいく。子どものやることに無駄はない、すべて生きる力につながる。ただ、子どもたちは成長のプログラムをこなす時、同じことを何度もくり返します。おとなたちは一度言ったらわかってほしい、だから言うのです「もう！　何回言ったらわかるの！」「さっき言ったでしょ、忘れたの！」「どうして同じことをするの！」と。そうです、何回も言わなくてはいけないのです。くり返し叱られ、誉められ、伝えてもらい、子どもたちは生きる力の土台を身につけ成長していくのですから……。

子どもたちは手間暇かけて大切に育てられるようになっているのです。そのことを子どもたちはよく知っています。だからこそ、何度もくり返しやっていくのでしょうね。子どもって本当にステキですね。手間暇かけて育てられた子は、自分も人も大切にする。粗末に育てられた子は、自分も人も粗末にする。だからこそ、親だけではなく、たくさんのおとなたちが子どもに関わり、叱って誉めて伝えていくことが大切なのではないでしょうか。

私は、いつも子どもたちを見ていて思うのです。どの子もきっと「母さん、父さん、幸せになるね！」と親を信じ社会を信じ生まれてきたにちがいない。そして生まれたその瞬間から幸せになるためのプログラムをこなしているのだろうと。赤ちゃんは、泣いて親やおとなに関わってもらい、幸せになろうとする。「ぼくが泣いたらママが来て抱っこしてくれた、安心したよ」「わたしが泣いたらパパが来てくれた、おむつ換えてくれた、気持ちよかったよ」「ぼくが泣いたらおばあちゃんが来てくれた、笑顔をいっぱいくれた、うれしかったよ」。こうして赤ちゃんは人間にとって一番大切な信頼関係の基礎を学んでいくのです。10泣く子は10幸せになる、関わってもらった数だけ幸せになることを知っているのでしょうね。なんてステキなんでしょう。

口、指、足の順に成長していく子どもたち

泣いて、抱かれて、笑顔をもらい、人間の土台をつくった子どもたちは、次に成長の階段を登るための仕事を始めます。まず口を使います。何でもかんでも口に入れる。これは、いやしいからではありません。食べる・食べられない、甘い・辛い、硬い・軟らかい……。舌を使いしゃべる準備をするのです。次に指を使います。ティッシュがあればつまみ出し、洗濯物や引き出しの物はバラバラにする。穴があれば指を突っ込みます。目が離せず親はハラハラ、イライラ！　でもこれは子どもたちの仕事です。「父さん、母さん、これはちらかしているだけじゃないんだよ、指先の訓練をしてるんだ。ボールが飛んできたらよける、転んだら手が出る、見通しをもつ力の基礎をつくっているんだよ。そしてね、ワクワクドキドキ、感性の基礎もしっかりと身につけているんだよ。これは子どもの仕事だよ、これをやらなきゃ次に行けないんだよ。ダメって叱っても大丈夫！　ぼくたちは別のものを見つけてお仕事するからね！」と言いたいのでしょうね。

子どもってステキですね、やるべきことをしっかりとこなしていくのですから。

さあ、指が終わると次は足です。とにかくチョロチョロ走り、ピョンピョン跳ねて、寝ている時以外はつねに動き回ります。この時期、ひもを付けたい！と思うママたちもいるようですね（笑）。広い所があれば走り回り、高い所があれば必ず登り、飛び降りる。狭い所にはもぐり込み、カーテンがあれば中に入ってくるくる回る。やってほしくないことを片っ端からやり、親のイライラはピークに達します。「本当にうちの子、大丈夫かしら。こんなに動いて落ち着きがなくて、だれに似たのかしら！」と心配するママ・

パパたち……。「大丈夫！　子どもたちは順調ですよ。このチョロチョロは子どもたちの仕事ですから」と私は伝えます。「いつまでこれが続くのですか？」と不安そうなママ・パパたち。「そうね、小学４年生くらいまでかしら？」「えっ！　そんなに長く？」大丈夫！　チョロチョロが終われば必ず落ち着きますよ。中学生を見てごらんなさい、「走って！急いで！」と言ってもだれ一人走らないでしょ（笑）。その時が来るのです。子どもたちは落ち着くための準備をしっかりやっているのです。「必ず落ち着く時が来る！」これを楽しみに。

子どもたちはわかっているのです。いまがステキな自分になるための準備をする大切な時期なのだということが……。イライラギャーギャー叱って誉めて伝えて愛していきましょう。子どもたちの行動はすべて生きる力につながるのですから。

子どもって本当にステキですね！　うちの子、最高！！

新聞紙あそびのこと

新聞紙は、便利でとても良い遊びの材料です。どこにでもあり、とても丈夫です。自由自在に折りたため、ボールのように丸めてもよく飛び、当たっても痛くなく安心です。破るとビリビリとそれは心地よい音がします。先日、おとなのみなさんとビリビリ遊びをやったのですが、「ストレス解消！」と驚くほど楽しそうに破っていました。

新聞紙でおもちゃを作る過程での、子どもたちの様子ややりとりが何とも楽しいのです。「しっかり持ってね」と言うと、子どもたちはしっかり握り、何ができるんだろうとワクワクドキドキしながら一緒に作っていきます。できあがった物を見て「ワァーできた！　ぼくのだ」と思いっきり遊びます。そしてボロボロになったおもちゃを大切に大切に持って帰ります。「お金をかけなくても、一枚の新聞紙からこんなに楽しいおもちゃができるんですね」とママたちも感動します。どの遊びもそうですが、おとなも義理でなく本音で楽しむことが大切ですね。

「子どももおとなも笑顔でキャーキャー、ワクワクしながら楽しんでほしい！」そんな思いのいっぱいつまった本です。どうぞ、みなさん使ってみてください。遊んでみてください。

「うちの子、最高！」「ママ、パパ、大好き！」「子どもってステキ！」こんなつぶやきが聞こえてくることを願っています。

5 集団であそぼう！

つくりかた

ねじって棒をつくろう

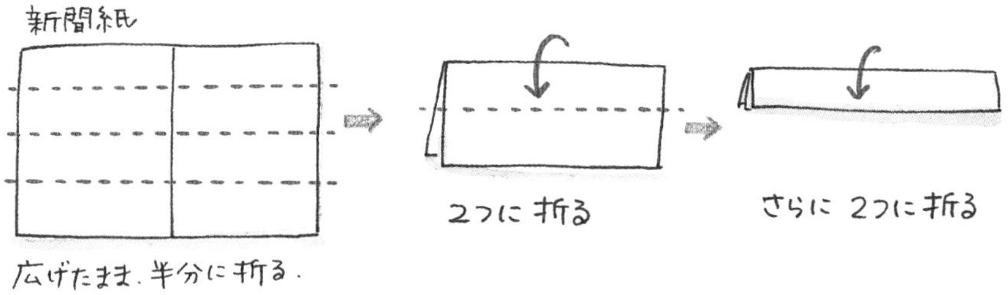
新聞紙
2つに折る
さらに 2つに折る
広げたまま、半分に折る。

1人でねじる

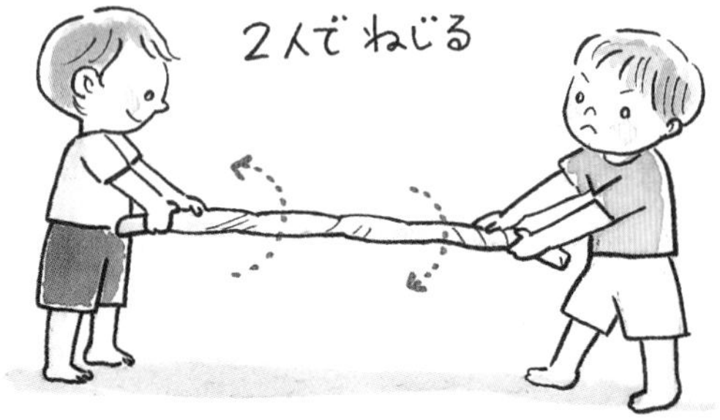
2人で ねじる

ジャンプでタッチ！

ねじり棒にタッチ！

ヘリコプターになりきろう

ぐるぐる大きく回してね！

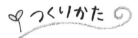

もっと小さくできるかな？

ねじり棒をくしゃくしゃにまるめて
小さくたたんで……

さあ、キャッチできるかな？

棒をジャンプ！

ねじり棒を置いて左右を行ったり
来たりのジャンプ。

一人が棒をふりまわし、
それをジャンプでよけよう。

きたら ピョン

並べてピョンピョン

並べた棒をぴょんぴょんジャンプ。

浮かせて高くした棒も
ジャンプ！

くぐってみよう！

ねじり棒のトンネルをくぐろう。

くぐって　くぐって

出てきたよ

くねくね道を歩こう

ねじった新聞紙の棒をカラー布テープでつなげて、長～くしてきます。

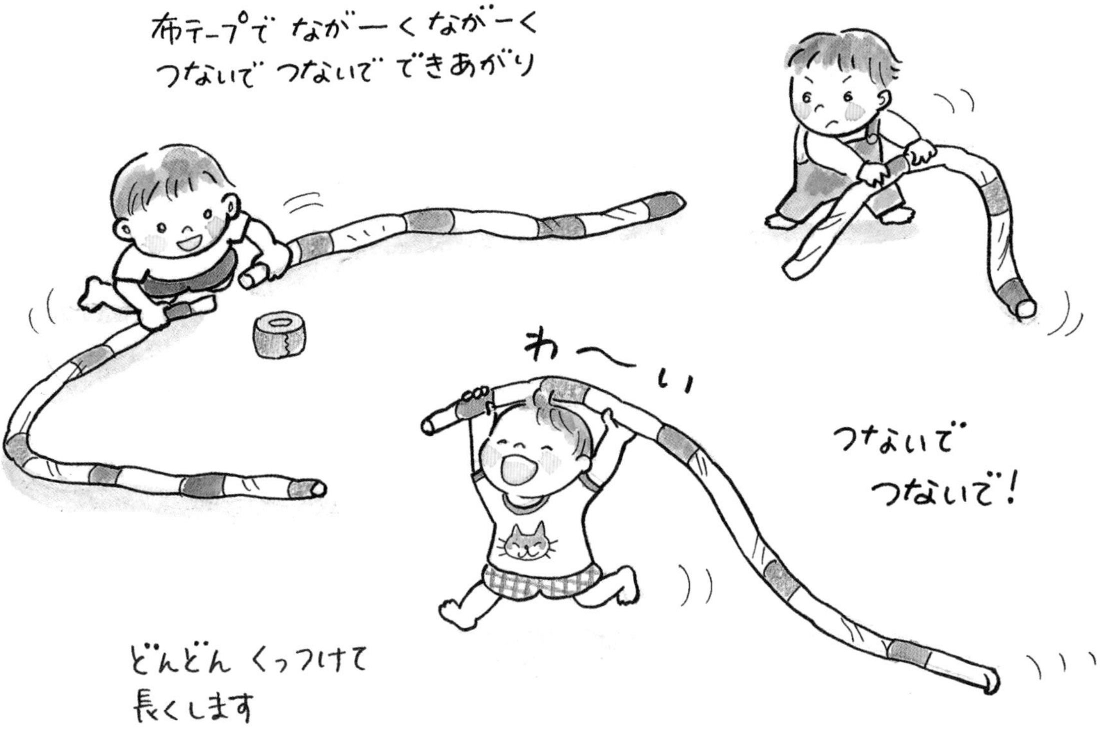
布テープで なが一く なが一く
つないで つないで できあがり
わ〜い
つないで
つないで！
どんどん くっつけて
長くします

1、2 1、2
おててをつなげば 大丈夫！
ボクも 歩けるよ！
たのしいなぁ

くねくね道でジャンケンポン！

・A 地点と B 地点に分かれます。

・「スタート！」でそれぞれの地点から一人ずつくねくね道の上を歩いて、AB の 2 人が出会った地点でジャンケンをします。勝ったチームはそのまま進みますが、負けたチームは次の人がくねくね道を早く歩いて、出会った地点でジャンケンします。

・相手の地点に早く到着したチームが勝ち。

・小さい子が一人で危ないときは、大人が手を引いてあげよう。

よ〜い、スタート！
A
あっ負けた！
次の人 並びます
2人が出会った地点で
ジャンケンポン！
かったかった！
B
がんばれ
順番に並びま

勝ったチームは、そのまま進む
負けたチームは、次の人が
スタートする
まけたよ！
勝った！
わわわっ
やったー
相手の地点に早く到着したチームが勝ち

大波であそぼう

くねくね道を４～５メートルくらいにカットして、大波あそび！
飛んだりはねたり、くぐったりしよう。

波さん きたら みんなで ジャンプ！
きた きた きた

ジャンプ！ ジャンプ！
波がきたよ～
ぴょん
ぴょん
波をとびこえ ジャンプ！
きたあ～
ワァー

大波きたら みんなで しゃがんで！

ザブ〜ン
ひやあ〜

小さな波は ジャンプ！ ジャンプ！

そおれ！
えいっ
キャア〜
ワァー
バックしてきた
くねくね 波を
ジャンプ

Uターンの大波

わーい！
Uターンの大波だ～！

波がきたらお魚さんに大変身！

大きな輪っかをつくってみよう

くるくる道を適当な長さにカットして、輪をつくる。

長さ150cmくらいで カットして
輪にする

からだが すっぽり 大きな輪っか

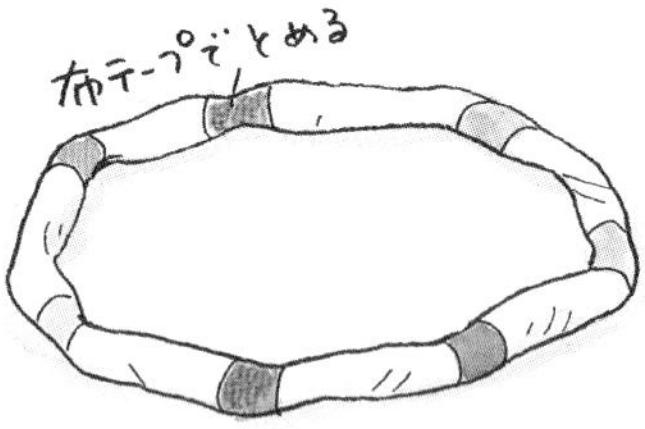
布テープでとめる

◎人間 輪なげ

できるかな
こんな かんじ

体をくぐらせよう!
できるかな
よいしょ
よいしょ

大きな輪っかで、
縄跳びピョーン！

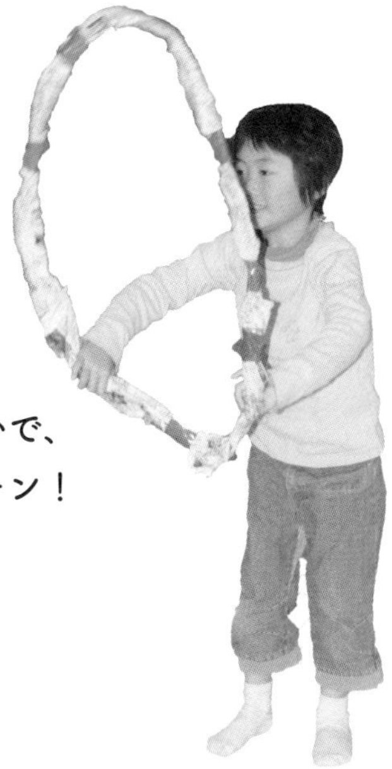

おフロです
わーい ボクのおフロ
きもちい〜い
水あそび？
ちゃぷ
ちゃぷ

輪っかの上に座って、
ちょっとおやすみ。

輪っかの中にジャンプ！

ジャンプしながらお池を出たり入ったり。
輪っかを持つ人は少しずつ下がって移動します。

輪っかの
中にジャンプ
じょうず！ じょうず！
ぴょん

にげる 輪っかに ぴょ〜ん ぴょ〜ん
ぴょん
少しずつ 下がってゆく
出たり 入ったり

輪っかのトンネルくぐり

輪をたくさん立てて並べ、順番にくぐっていこう。

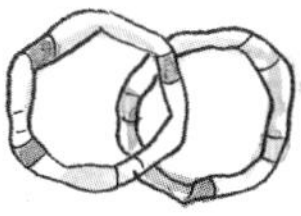

並んだ 並んだ 輪っかが 並んだ

くぐって くぐって 最後まで!

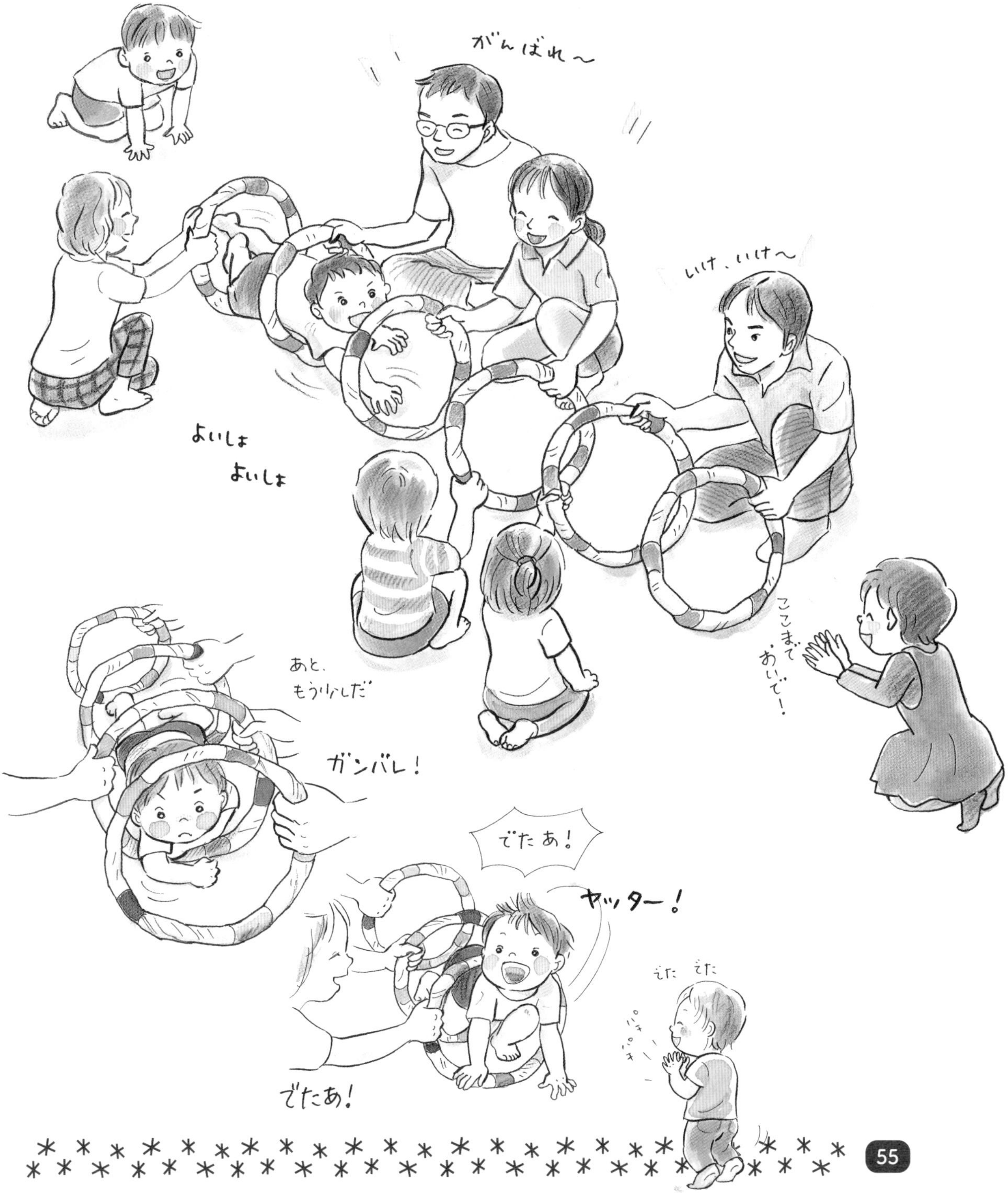
がんばれ〜
いけ、いけ〜
よいしょ
よいしょ
ここまで おいで!
あと、
もう少しだ
ガンバレ!
でたあ!
ヤッター!
でたあ!
パチ パチ

ケンパであそぼう！

輪をたくさん並べてみよう。両足、片足をじょうずに使って跳んでみよう。

いろんなならべかた

数をふやしたり、長くつなげたり、いろいろ

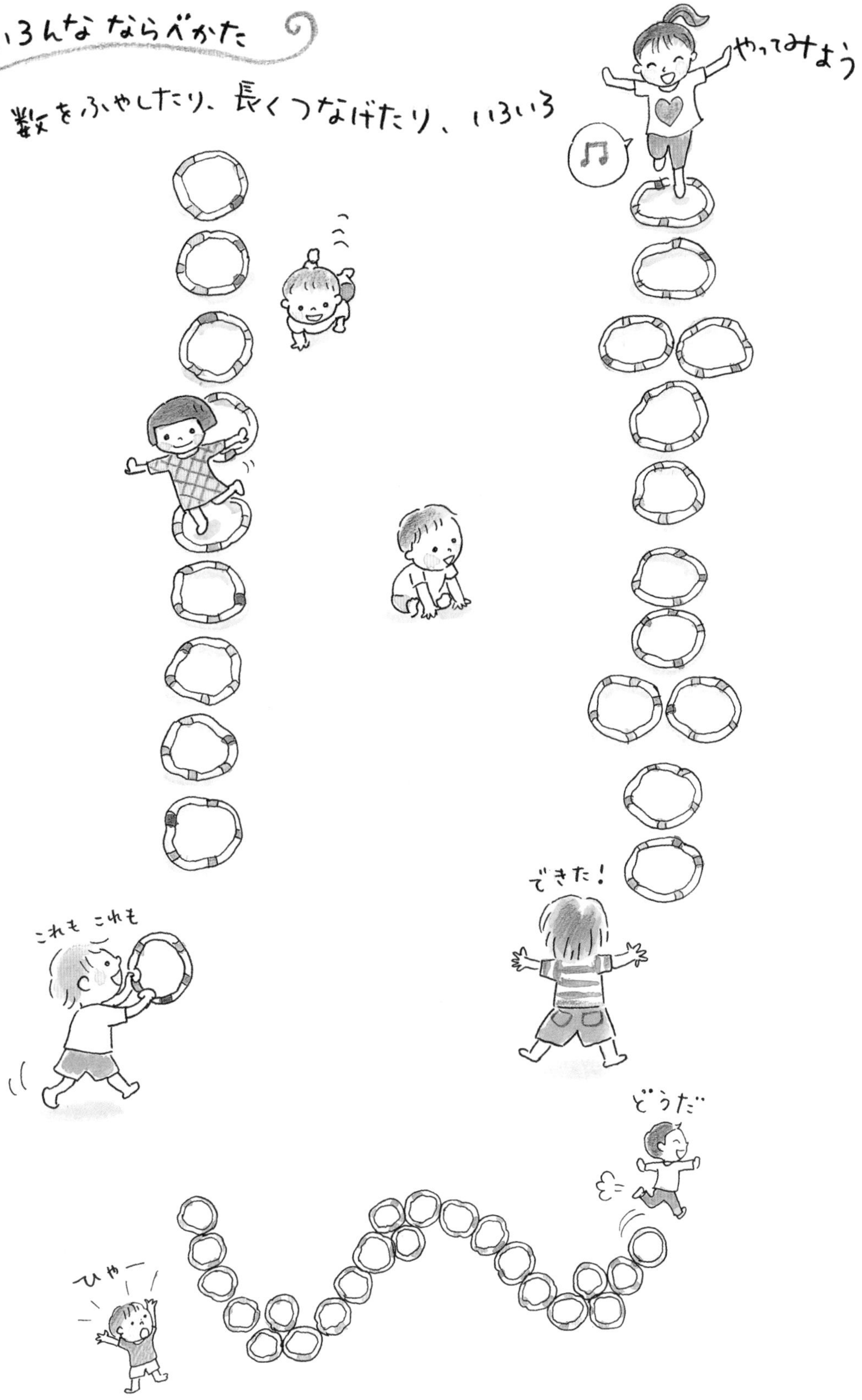
やってみよう
これも これも
できた！
どうだ
ひゃー

6 折り紙であそぼう

【準備物】折り紙・ストロー・輪ゴム・ポリ袋・布テープ

金魚をつくろう

おさかなの折りかた

途中までかぶとと同じだよ

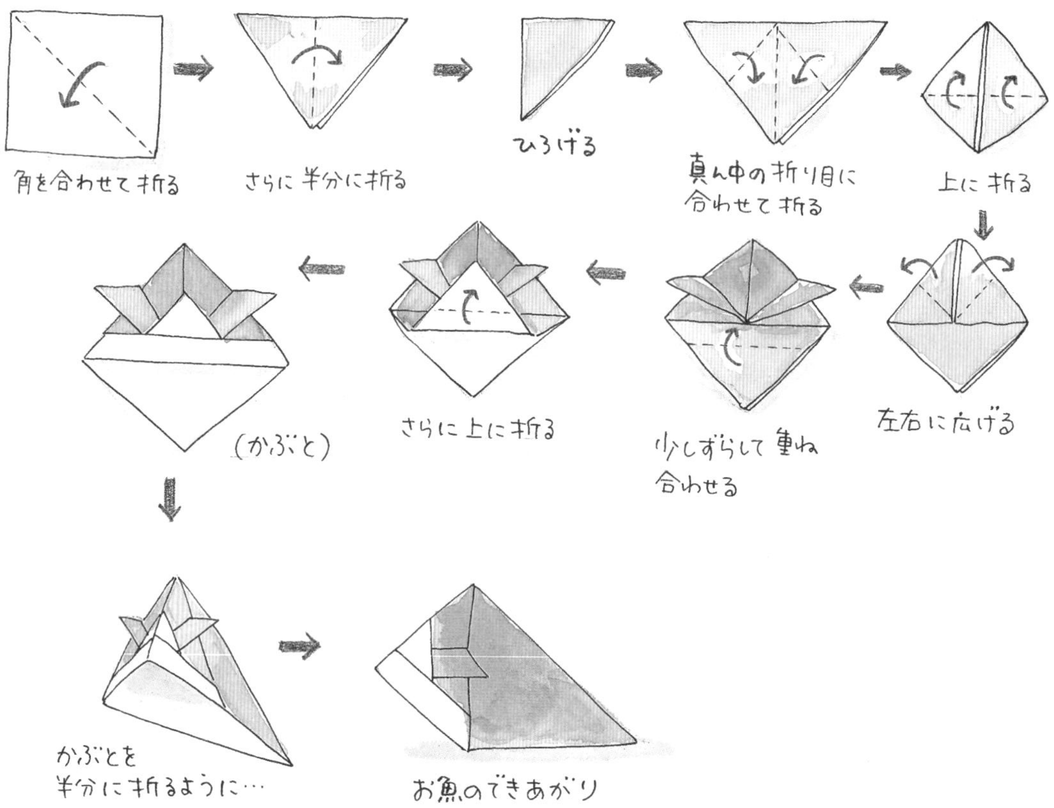

角を合わせて折る
さらに半分に折る
ひろげる
真ん中の折り目に合わせて折る
上に折る
左右に広げる
少しずらして重ね合わせる
さらに上に折る
（かぶと）
かぶとを半分に折るように…
お魚のできあがり

ストローをつかって

金魚を52ページの大きな輪っかに浮かべます。

ストローでフーっと吹くと、金魚が泳ぎます。

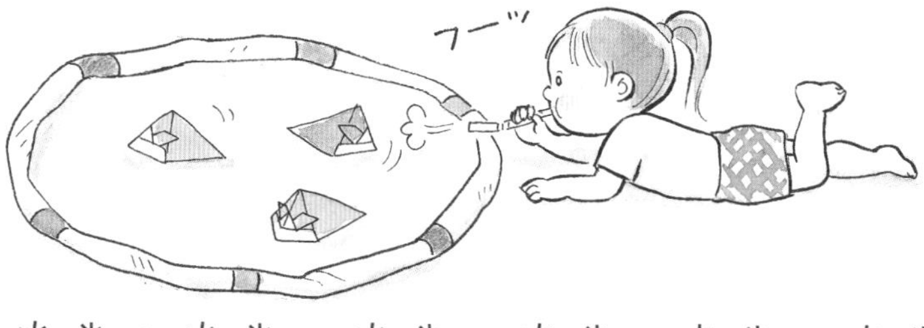

フーッ

●金魚さんを飛ばしてみよう

ストローにのっけて
曲がるストロー
フー
お魚が浮いたよ!

力いっぱいふくと
お魚高〜〜く とぶよ
フー

●輪っかをつかって

ひゅっ
はいるかな
むつかし〜

魚釣り

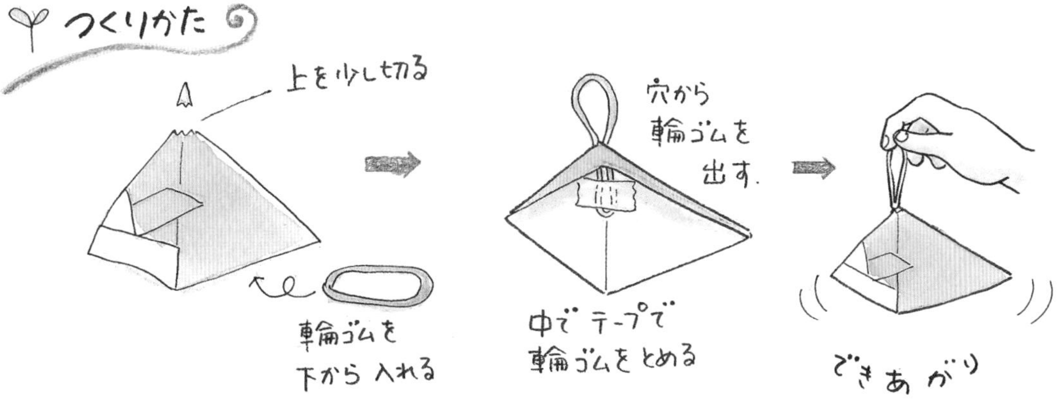
つくりかた
上を少し切る
輪ゴムを
下から 入れる
穴から
輪ゴムを
出す。
中で テープで
輪ゴムをとめる
できあがり

ストローを竿にして輪ゴムをひっかけてみよう。

お口にストローくわえて 魚つり

むつかし〜い
そ〜と‥

みんなで魚釣り

つれた! つれた!
釣った お魚は、
ここに いれて
おこうね。
そっと
そっと

風船あそび

魚釣りで使った金魚を使います。

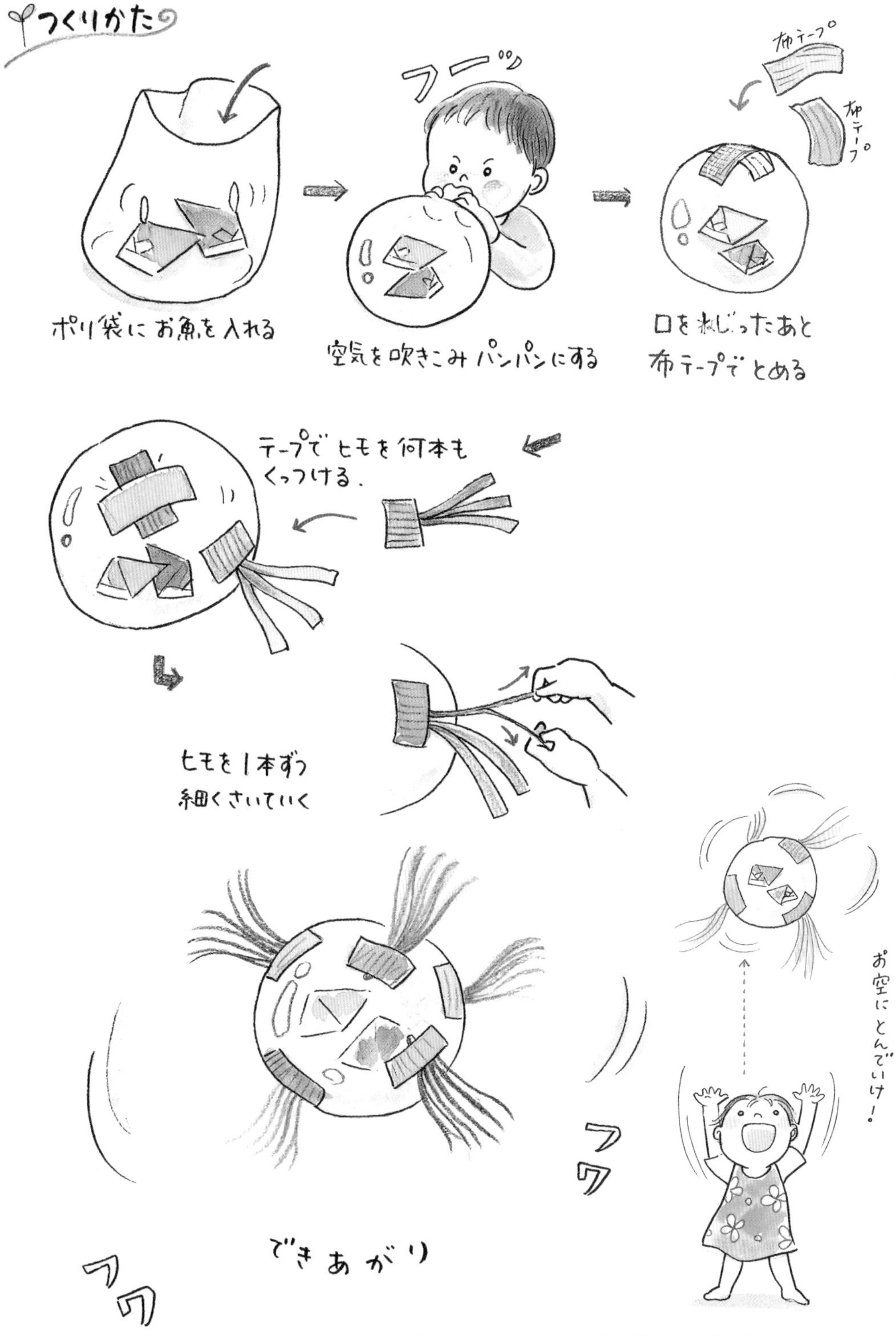
つくりかた
ポリ袋にお魚を入れる
フー
布テープ
布テープ
空気を吹きこみパンパンにする
口をねじったあと
布テープでとめる
テープでヒモを何本も
くっつける.
ヒモを1本ずつ
細くさいていく
できあがり
フワ
フワ
お空にとんでいけ!

2人で ポンポン 投げあいっこ!

いくよ〜
オーケー
ポ〜ン
きた きた

輪っかの中に風船をぽん!

はいった!
そ〜れ
はいった!

もっともっと低くして。

力いっぱい
そ〜れ!
はいった!
ナイスシュート!
えい!

輪っかをもって
走っちゃお〜!
あ、切れちゃった!

仲良しみんなで
「シュッポッポ!」

しゅ しゅ しゅ
ポッ ポッ
ポーッ
ママと いっしょに シュッポッポッ!

7 オニさんとあそぼう

【準備物】ホッチキス・ハサミ・クレヨン・ひも

オニさんをつくろう

オニの面のつくりかた

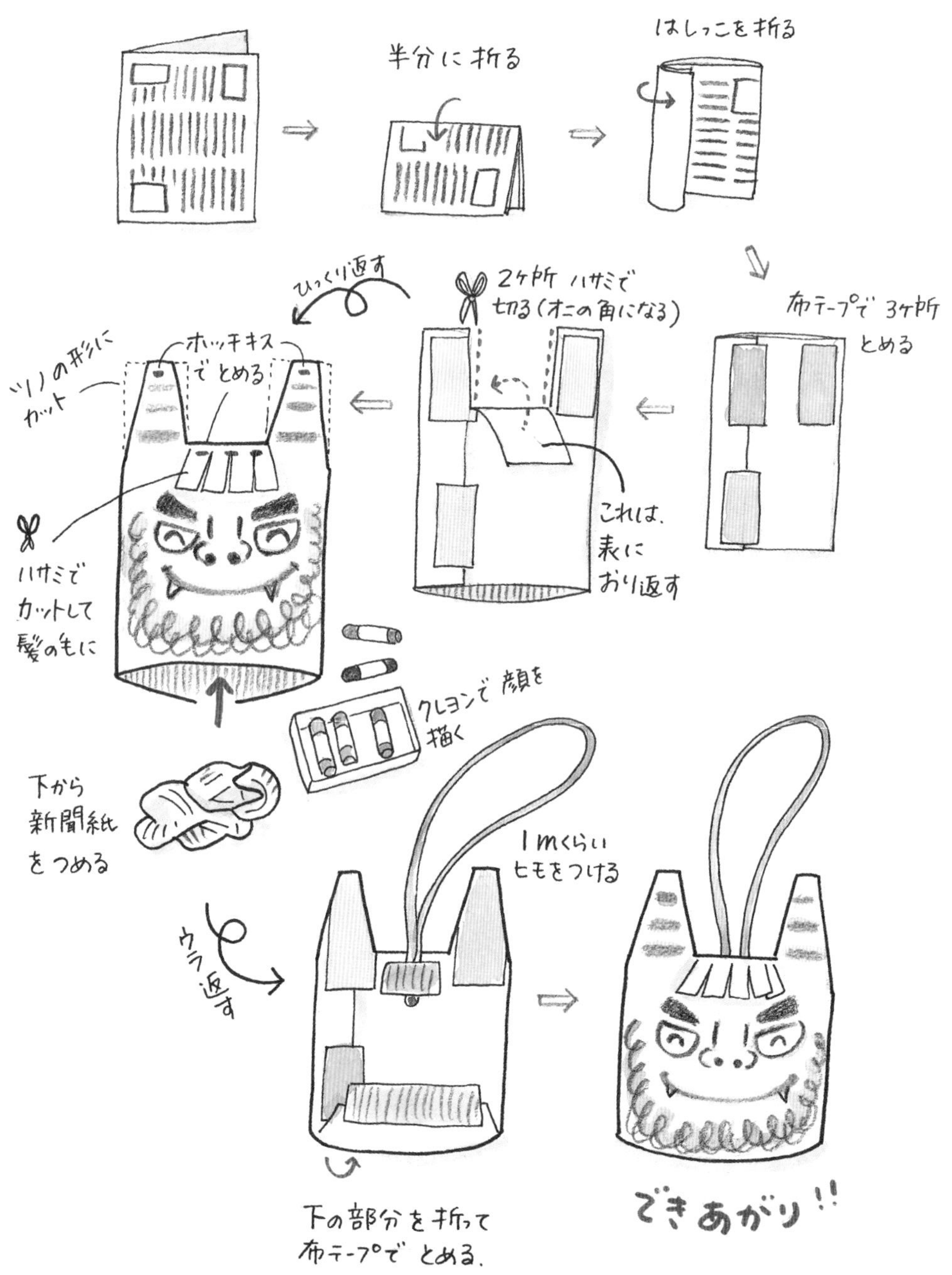

半分に折る
はしっこを折る
布テープで 3ケ所
とめる
2ケ所 ハサミで
切る(オニの角になる)
これは、
表に
おり返す
ひっくり返す
ホッチキス
でとめる
ツノの形に
カット
ハサミで
カットして
髪の毛に
クレヨンで 顔を
描く
下から
新聞紙
をつめる
1mくらい
ヒモをつける
ウラ返す
下の部分を折って
布テープで とめる.
できあがり!!

「なにができるの？」
「オニさんよ」
「ホント？　できるかなー」

ほらほら、
できたよ、
オニさんが。

オニさんと同じように、クマ、ネコ、ウサギ、ネズミなどいろんな動物を新聞紙でつくろう。

いろんなお面をつくろう

ウサギ
えんぴつなどで
髪をカールする
布テープを
耳の形にカットしてはる.
角をうしろへ折る
布テープでとめる
いろいろ 好きな どうぶつを
つくって あそぼう!
ネコ
クマ
ネズミ

みんなでいろんな動物を考えてつくってみてね！

あそびかた

つくったお面であそぼう。
オニさんめがけて新聞紙のボールをあてるよ。

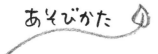

お面に命中したら…

(ママの演技がひかります!)

お面に命中したら…
ガオ〜〜
ひゃ〜!!!
ママすご〜〜い!
ウサギは…
ぴょん!
おもしろ〜い
ネコは‥
ニャオ〜ン
ママ♡
かわい〜い!!
ネズミはチュ〜ッ
クマは…?
いろいろやってあそんでね!

動物さんとおさんぽ

ひもをつけて！

いっしょに 走ろう、お散歩しよう！
ゆらゆら〜であそぼ
お・や・まにのぼっちゃお！

オニは外！

あっちにこっちにオニさんは動くよ。

うごくぞ〜〜
あたるかな？
そーれ！

柱と壁にお面を貼って

ボールをあてて「オニは外！」

病気のオニ
やあ！
泣き虫オニ
えい
怒りんぼオニ
みんなで オニは 外!!

オニさん、「まてまて！」

逃げていくオニさん、追いかけて「オニは外！」

オニさんが 背中に お面を ぶら下げて 逃げる
キャ〜〜ッ
まてまてー!!
ボールを 持って
おいかける
あたるかぁー
にげろ
にげろ
オニは
そとー！

おさかなをつくろう

おさかなでーす

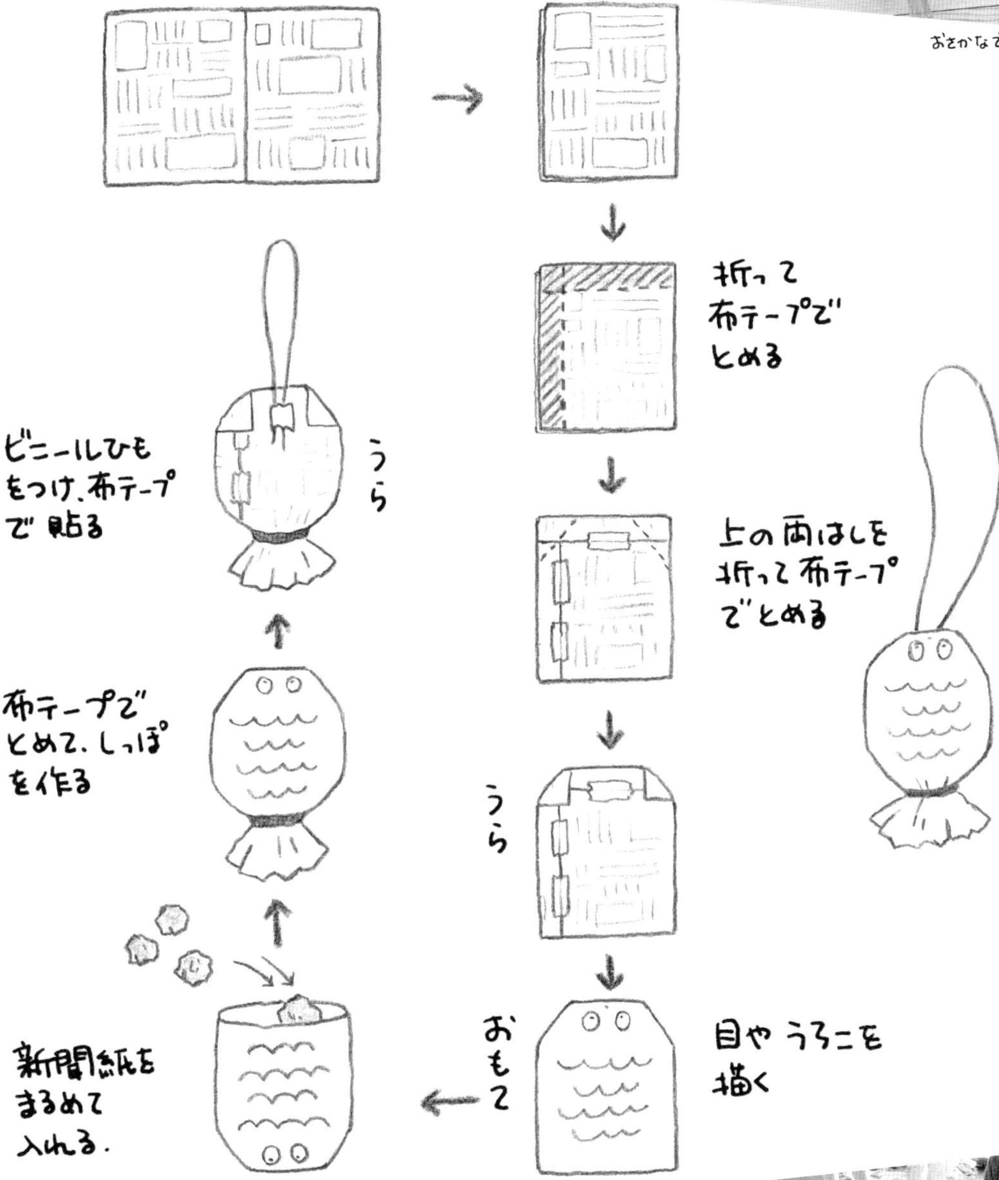

折って
布テープで
とめる
上の両はしを
折って布テープで
とめる
うら
おもて
目やうろこを
描く
新聞紙を
まるめて
入れる.
布テープで
とめて、しっぽ
を作る
ビニールひも
をつけ、布テープ
で貼る
うら

新聞紙を まるめて おさかなさんに ポイポイ！

おさかなとおさんぽ

ひもを腰にとおしておさんぽしよう。

ハンドルをつけて、おさかな自転車

新聞紙をくるくるまるめて、筒を作ります。
ひもの端をその筒につけて、真ん中をくくります。

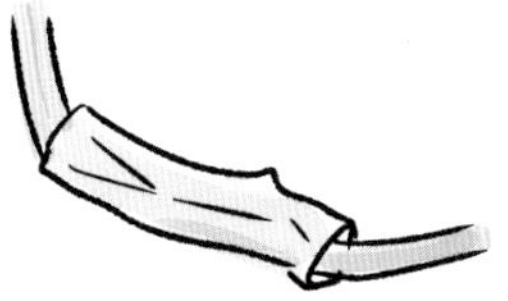

8 ひもを通してあそぼう

筒をつくってみよう

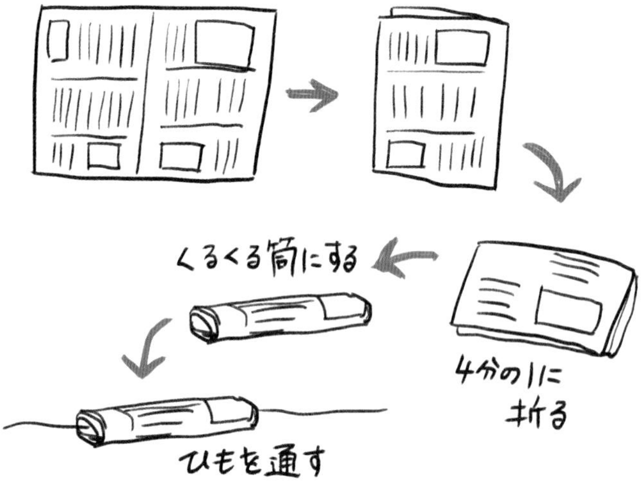
4分の1に
折る
くるくる筒にする
ひもを通す

ひものエレベーター

２人でひもの両端をもって、交互に上げ下げして、筒を行ったり来たりさせてみよう。

ビューン！新幹線

筒を相手めがけてサッと押すと、速いスピードで
筒が走っていくよ。

取っ手をつけて、ギッコンバッタン

新聞紙をくるくる丸めて、ひもの両端に結びます。
交互に上下にすれば、シーソーみたいに遊べます。

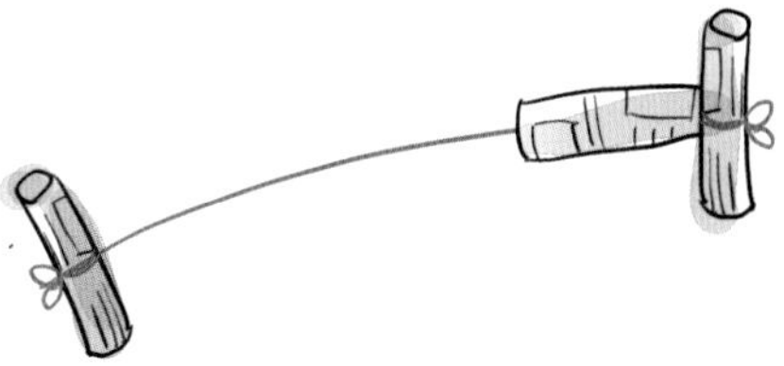

ひもを跨いで走れば、
自転車みたい！

モノレール

ひもを２本並べて、それぞれの筒をもって同じ方向に走ります。
どっちのモノレールが先に到着するかな？

みんなで汽車ポッポ

取っ手を運転席にして、みんなで汽車ぽっぽ。

9 軍手であそぼう

【準備物】軍手・ひも・布テープ・ペットボトル

ソフトクリーム

軍手を丸めてボールにします。新聞紙を巻いて三角筒をつくります。軍手のボールを中に入れて、ソフトクリームのできあがり。

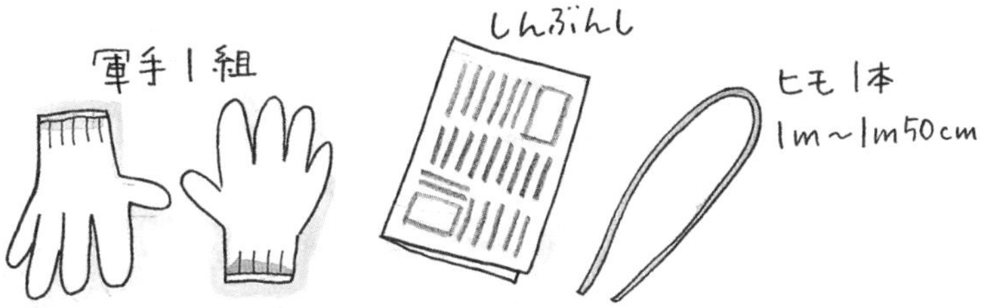

軍手1組
しんぶんし
ヒモ 1本
1m～1m50cm

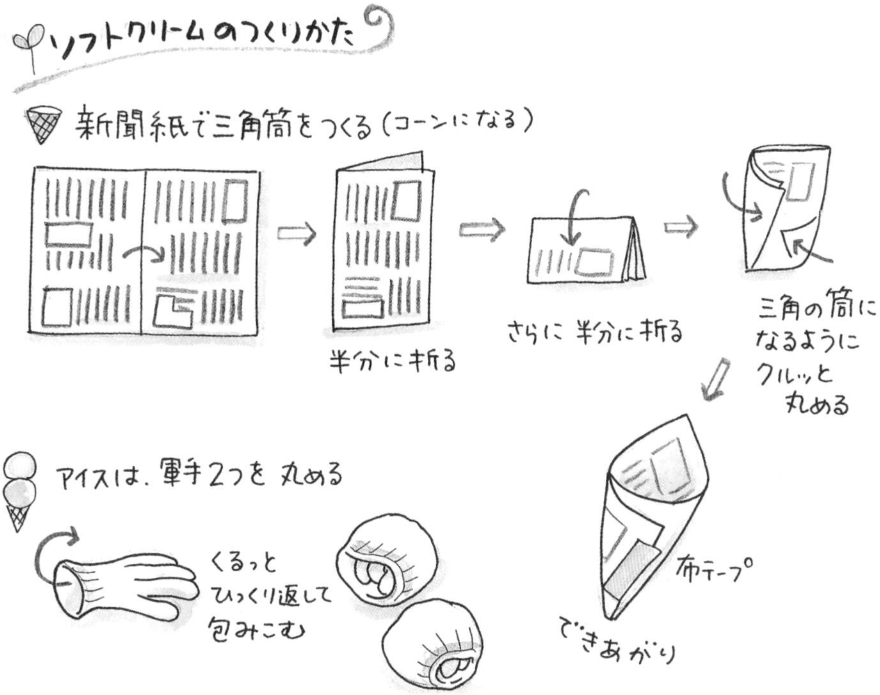

ソフトクリームのつくりかた
新聞紙で三角筒をつくる（コーンになる）
半分に折る
さらに 半分に折る
三角の筒に
なるように
クルッと
丸める
布テープ
できあがり
アイスは、軍手2つを 丸める
くるっと
ひっくり返して
包みこむ

なに味かな？
ダブル
アイスだ！
おいしそ～
いただきます～

2人組であそんでみよう。投げたアイスが三角筒に入るかな？

ボーリング

三角筒の上部を折り返し、床に置きます。
軍手のボールや11ページのボールでピン（三角筒）を倒します。

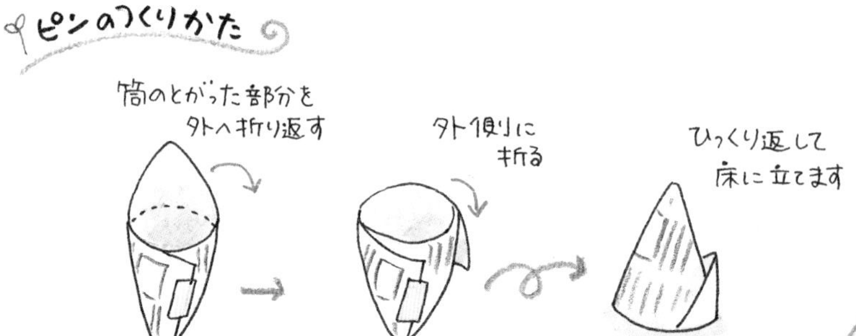

ピンを たくさん 立てると おもしろい

軍手でうさぎさんをつくろう

軍手一組でつくります。

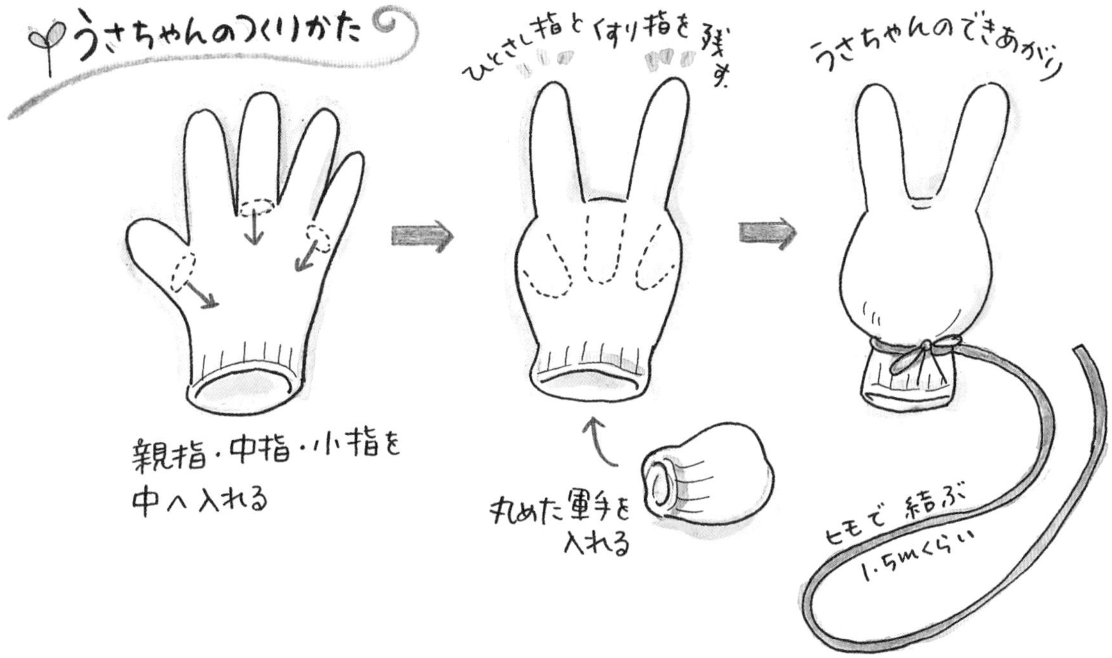
うさちゃんのつくりかた
ひとさし指とくすり指を残す
うさちゃんのできあがり
親指・中指・小指を
中へ入れる
丸めた軍手を
入れる
ヒモで 結ぶ
1.5mくらい

うさぎさんからねずみさんが!

うさぎの2本の耳を一回くくると、ネズミさんになるよ。

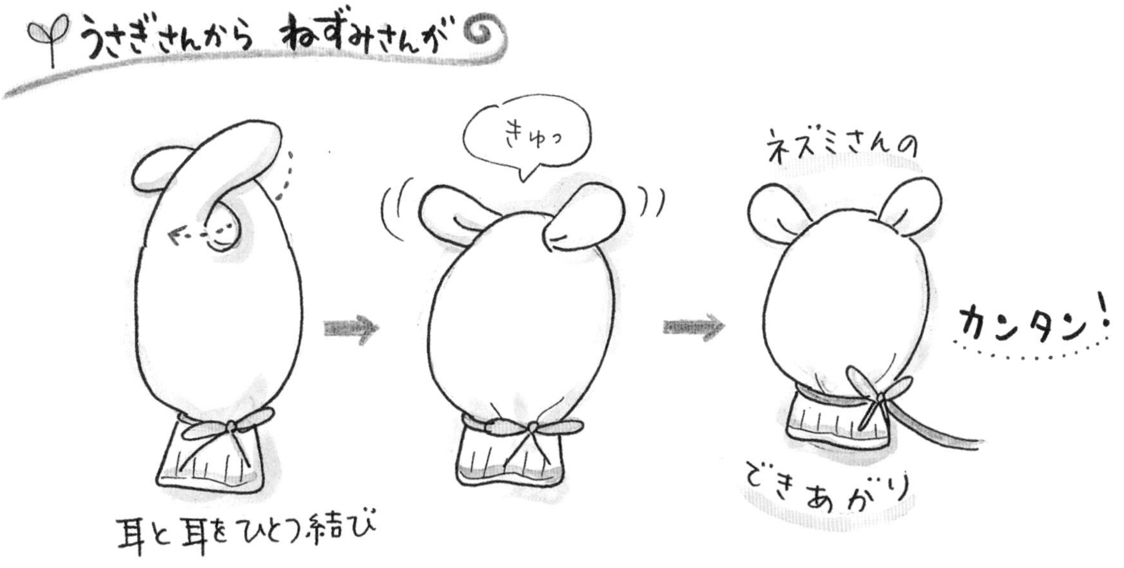
うさぎさんから ねずみさんが
きゅっ
ネズミさんの
できあがり
カンタン!
耳と耳をひとつ結び

うさぎさんとおさんぽ

1.5mくらいのヒモで 結ぶ
おさんぽ さんぽ
らんらん ららん

ネズミさんとかけっこ。

びゅーーんっ
ねずみさんと いっしょに はしって はしって

うさぎさんのかくれんぼ

ボーリングのピンにした三角筒の新聞紙の先を少しカットし、
「おさんぽ」で使ったうさぎさんをひものまま通します。

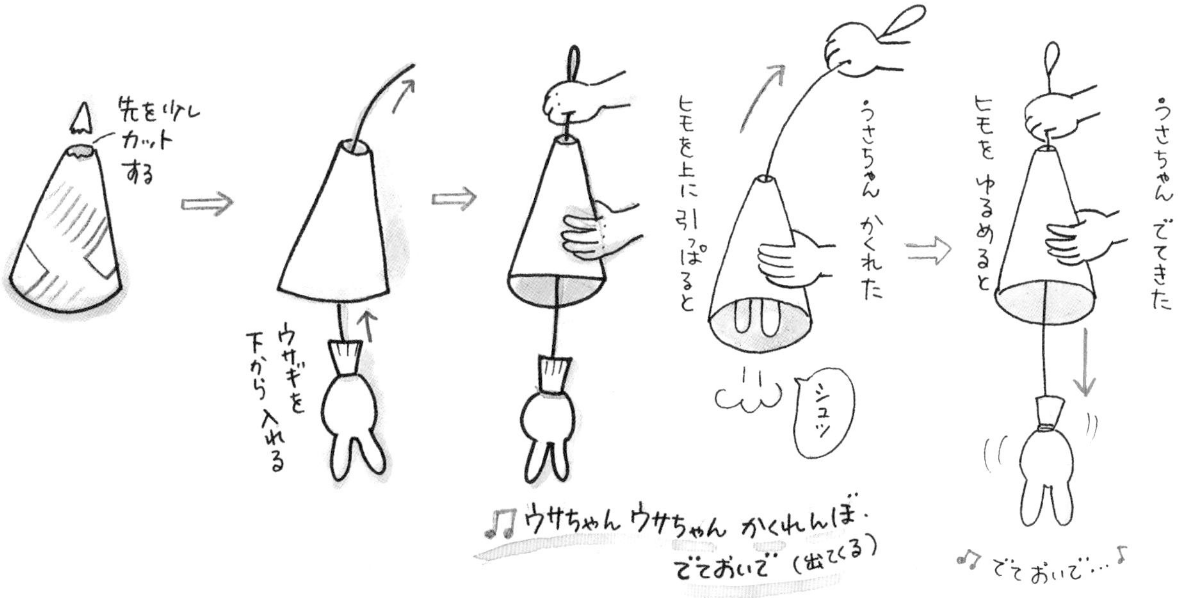
先を少し
カット
する
ウサギを
下から 入れる
ヒモを上に引っぱると
・うさちゃん かくれた
シュッ
♫ウサちゃん ウサちゃん かくれんぼ
でておいで (出てくる)
ヒモを ゆるめると
・うさちゃん でてきた
♫ でておいで…♪

そぉ〜…

つかまえた☆
しゅっ

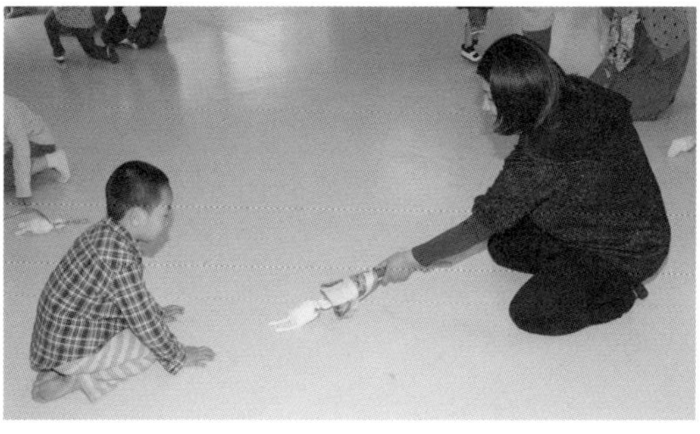

さーつかまえるぞ！
がんばれ、がんばれ。

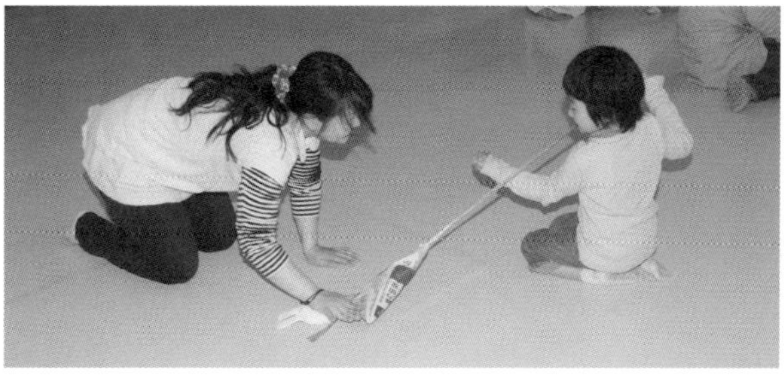

「うさぎさん、つかまえた！」
あーあ、つかまっちゃった！

うさぎさんのけん玉

「せーの！」で三角筒のなかにうさぎちゃんを入れます。

ゆ〜ら ゆ〜ら

ひゅん
上にふりあげ〜
そ〜れ

スポッ
はいった！

みんなでおさんぽ
たのしいね。

筒のなかのうさぎさんとおさんぽ

筒の中のうさぎちゃん、
ねんねしているのかな？
そっと、そっと、
おさんぽしてね。

し〜。。
うさちゃん ねんね ねー
うさちゃんが 起きたら さあ、いっしょに 走ろう！

軍手でお人形をつくろう

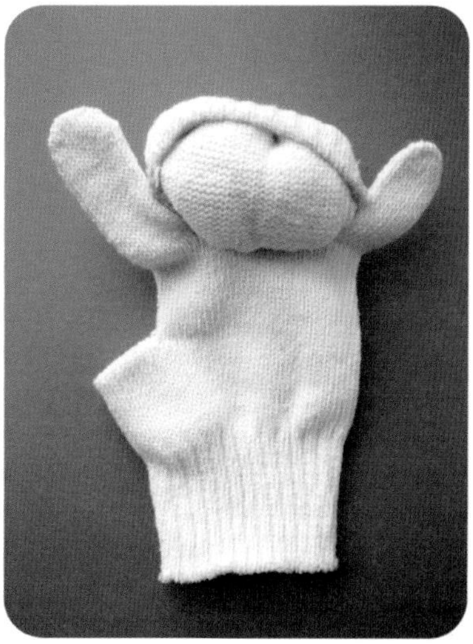

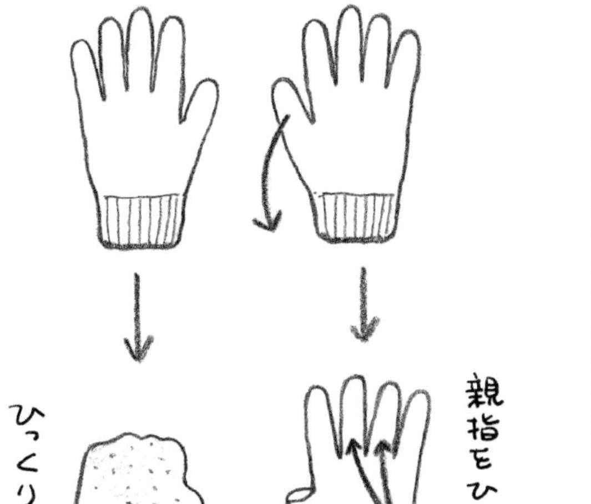
ひっくり返して
親指をひっこめて

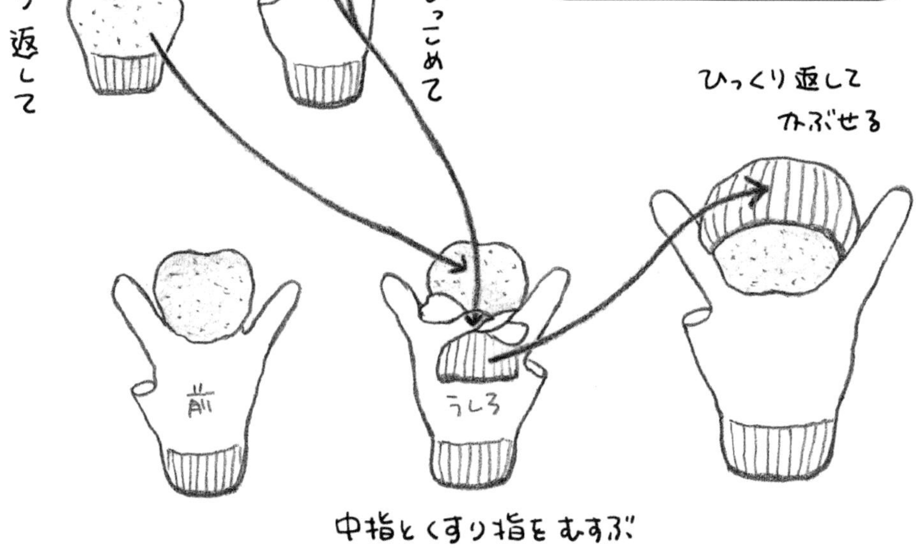
ひっくり返して かぶせる
前
うしろ
中指とくすり指をむすぶ

おん形を ペットボトルに かぶせて、
たくさん作って 遊ぼうね。

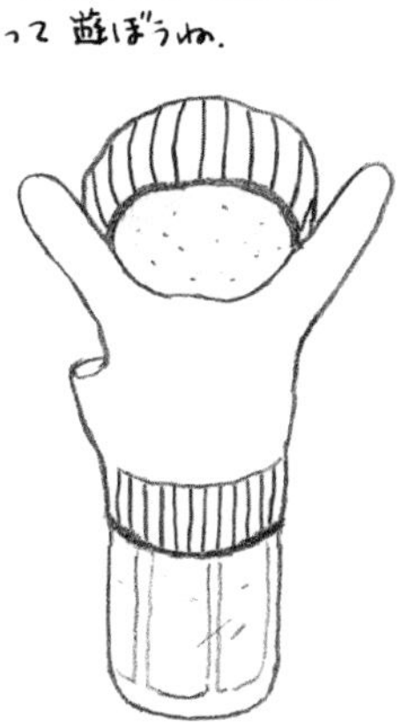

お人形のボーリング

軍手のお人形をたくさん作って、並べてボーリングをしてみよう。
新聞紙のボールを投げて、いくつ倒せるかな？

水をいれて輪投げ

ペットボトルに水を入れて、人形をしっかり立たせ、今度は新聞紙の輪っかで輪投げに挑戦！

10 フィナーレ

新聞紙で紙吹雪

新聞紙をビリビリやぶいてかけあいっこ！
紙吹雪をまきちらして楽しみましょう。

わーい！
せんせいに
かけちゃえ！

ママにも
かけちゃえ！

お空にまいちゃえ！
5、4、3、2、1
そーれ！

パラソル・シャワー

まきちらかした新聞紙を集めて、
傘の中にいれます。たくさん集まったら、
勢いよく傘を回転させて、
シャワーのように新聞紙を
まきちらします。

傘のなかに入れて入れて！

パラソル・シャワー、
はじめるよ！
5、4、3、2、1

そーれ！

11 さあ、おかたづけ

風船をつくろう

紙吹雪をビニール袋に詰めて、風船を作ります。ビニール袋の口をひもで結んで、できあがり。

つくりかた

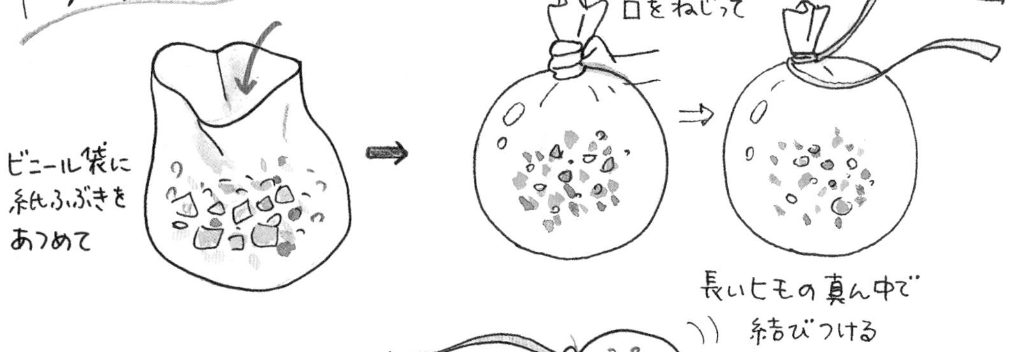
ビニール袋に
紙ふぶきを
あつめて
口をねじって
長いヒモの真ん中で
結びつける

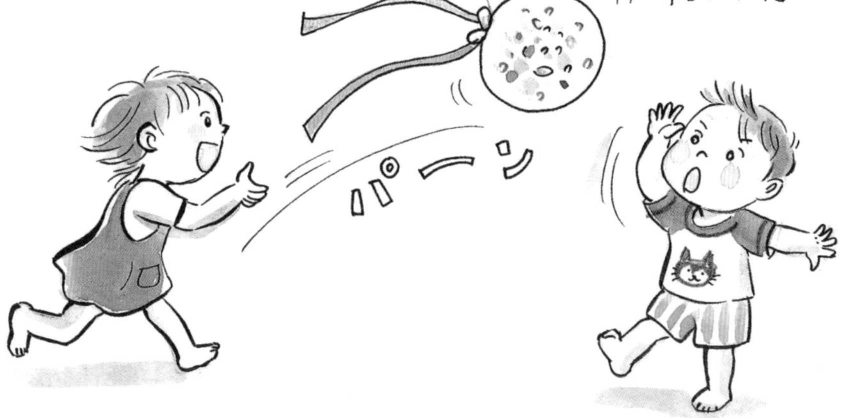
パーン

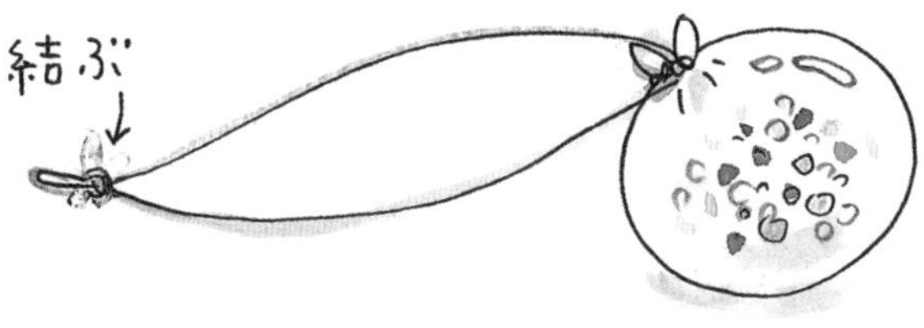
結ぶ

ひもを結べば、
風船自動車ができます。

風船自動車のできあがり!

最後のドライブ

ビニール袋をくくったひもをひっぱって、みんなで行進です。音楽をかけて、ゆっくり歩いたり走ったり。自動車ブーブー！

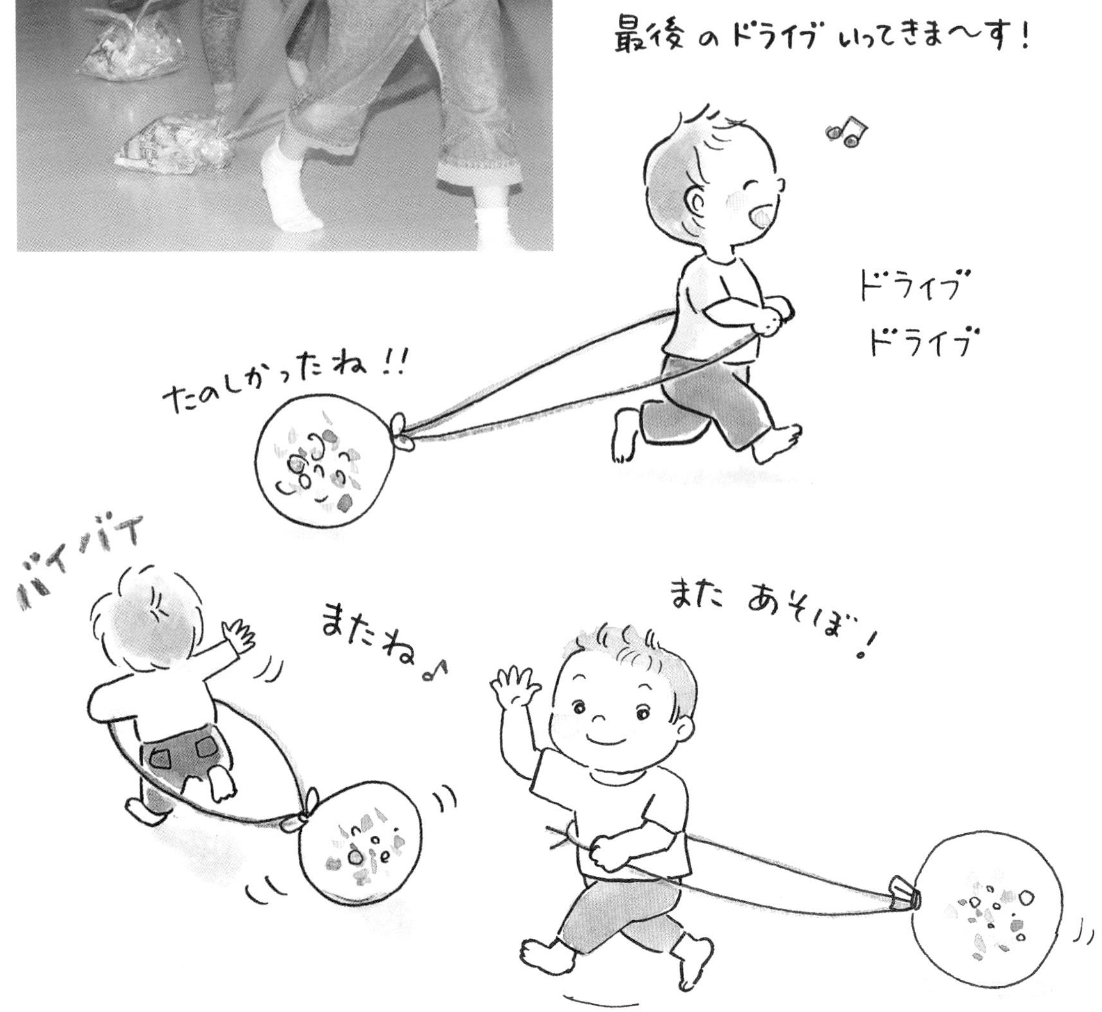
最後のドライブ いってきま〜す！
ドライブ
ドライブ
たのしかったね!!
バイバイ
またね♪
また あそぼ！

おわりに

先日、ある会場で若いママからこんな質問が出たのです。「どうして子どもってこんなに泣くのですか？　もうイライラします」と。私はその若いママに「それはね、あなたのことが大好きだからよ、『ママだったらきっと来てくれる！』あなたのことを、信頼しているからよ。煩わしさは信頼関係の証《あかし》！　泣いたら、行って関わり抱いてあげてね」と伝えました。

泣いて関わってもらった子どもたちは、次に抱かれて安心するのです。「抱きぐせがつくからあまり抱いちゃいけないんでしょ？」と質問したママに「いいえ、抱きぐせはつきませんよ。逆に私は、抱かれる量の少ない子のほうが心配よ。子どもたちは抱かれる量が決まっている、その量が少なかったら信頼しているおとなたちに、ありとあらゆる手段を取りながら抱かれようとします。でなければ、次の成長の階段に行けないことを知っているのですから。抱かれる時にしっかりと抱かれ、人間の土台をつくっていく、本当に子どもってステキですね。いま自分がやらなくてはいけないことを知っているんですから。子どもをしっかり抱いてあげてね！」と私は伝えました。

泣いて抱かれた子どもたちは、人間の土台をつくるために、もう一つ大事なものがあることを知っています。それは笑顔です。泣いて抱かれて笑顔をもらう。子どもたちはあのカワイイ表情で言っているのです。「父さん、母さん、笑顔をありがとう、でも父さん母さんだけでは足りないよ、おじいちゃんもおばあちゃんも笑顔をちょうだい。もらった笑顔をためて、ぼくは笑顔を出していくからね」と。

「いまの子どもたちは笑顔が少ない、表情が乏しい」よく耳にします。いいえ、いまもむかしも子どもたちは変わりません。変わったのはもらう量、関わってもらう量ではないでしょうか？　むかしは、物はなかったけれども人がいた。いまは、物はあるけど人との関わりが少ない。人は人の中でしか育たない。私はそう思います。

笑顔をもらわない子が、どうして笑顔が出せるでしょう。子どもたちはもらったものしか出せないのですから……。人間の土台をつくる時、子どものまわりには親だけではなく、たくさんのおとなたちとの関わりが必要なのです。子育ては親だけでなく、たくさんの人の力を借りることも大切なのです。

遊びを通して子どもと関わり、みんなに笑顔になってほしい。本書がそのお手伝いをできれば幸いです。どうか子どもたちとたくさん遊んで、親子で笑顔になってください。

熊丸　みつ子

熊丸 みつ子（くままる みつこ）プロフィール

1951年、福岡県北九州市に生まれる。1972年、中津女子短期大学幼児教育科（現東九州短期大学）卒業後、北九州市、横浜市の私立幼稚園教諭として幼児教育に携わる。1992年から福岡で幼児教育専門家として、講師活動に入る。

現在、全国の子育て教室、母親学級で親子あそびや講演活動をし、幼稚園、保育園、小・中・高校の教師研修会講師や、保護者向け講演会、地域子育て支援講座の講師を務める。専門学校、大学で教鞭をとり、後進の指導に当たる。

1992年から自宅に音楽教室を開設。1993年から2015年3月まで、23年間にわたり津屋崎少年少女合唱団の指導にあたり、現在は津屋崎のコーラスグループ“Peace Bell つやざき”の指導にあたる。2004年、第26回母子保健奨励賞を受賞。

著書に『うちの子、最高！』『大丈夫！　子育て順調よ！』（かもがわ出版）。

わくわくどきどき　新聞紙あそび
こどもに人気の90アイデア

2024年7月1日　初版発行

著　者―© 熊丸　みつ子
発行者―竹村 正治
発行所―株式会社かもがわ出版
〒602-8119　京都市上京区出水通堀川西入亀屋町321
営業　TEL：075-432-2868　FAX：075-432-2869
振替　01010-5-12436
編集　TEL：075-432-2934　FAX：075-417-2114
印刷―シナノ書籍印刷株式会社

ISBN　978-4-7803-1330-7　　C0037